EXAMPRESS®

施工管理技術検定学習書

出るとこだけ！

建築土木
教科書

2級

吉井和子・
池本幸一・
速水洋志
共著

建築施工
管理技士 第一次検定

SE

SHOEISHA

はじめに

　2級建築施工管理技術検定は、建設業法第27条に基づく国家試験です。合格者は「営業所に置く専任の技術者」「工事現場における主任技術者」として、建物の計画から完成までの一連の工事を管理監督することができます。大規模なものづくりの醍醐味を味わえるやりがいのある仕事です。

　試験は、年2回行われる第一次検定（学科試験）と年1回行われる第二次検定（実地試験）があり、本書は第一次検定合格を目指す方々のためのテキストです。試験時間は2時間30分、マークシートによる四肢択一形式で50問出題され、選択問題と必須問題をあわせて40問に解答します。正答率6割が合格ラインの目安ですので、24問は正答しましょう。合格率が30～40%と比較的難易度の高い試験といえるでしょう。

　しかしながら、過去数年の問題を分析すると、同じ設問肢が繰り返し出題されていることに気付きます。本書では、出題率の高い問題を重点的に学ぶことで正答率6割以上を実現する内容となっています。多くの項目を見開きに集約することで、視覚的にも頭に入りやすい構成としています。

　忙しい仕事や勉学の合間に本書を手に取られ、少ない時間で効率よく勉強され、検定試験に合格されることを祈念いたします。

2021年3月

著者一同

試験について

　2級建築施工管理技術検定試験とは、国土交通大臣指定機関による国家試験であり、建設業法第27条第1項に基づきます。合格者には「2級 建築施工管理技士」の称号が付与され、建設業法で定められた専任技術者（建設業許可）主任技術者としての資格を得ることができます。

　なお、令和3年度の制度改正から新たに「施工管理技士補」の称号が追加され、第一次検定に合格すると「2級技士補」の称号が付与されるようになりました。

●試験の概要

受験資格	最終学歴および卒業した学科によって、必要な実務経験年数が異なる。また、職業能力開発促進法による技能検定合格者（技能士）は必要な実務経験年数が減免される なお、第一次検定に限り、試験実施年度中に満17歳以上となる者であれば誰でも実務経験を積む前に受検できる
試験申込期間	前期（第一次検定のみ）：1月下旬〜2月上旬 後期（第一次検定・第二次検定）：7月上旬〜下旬
受験票送付	前期（第一次検定のみ）：5月下旬 後期（第一次検定・第二次検定）：10月下旬
試験日	前期（第一次検定のみ）：6月の第2日曜日 後期（第一次検定・第二次検定）：11月の第2日曜日
合格発表	前期（第一次検定のみ）：7月中旬 後期（第一次検定・第二次検定）：1月下旬
受験料	第一次検定、第二次検定それぞれにつき5,400円 （消費税非課税）
受験地	札幌・青森・仙台・東京・新潟・金沢・名古屋・大阪・広島・高松・福岡・鹿児島・沖縄 ※青森・金沢・鹿児島は令和3年度前期試験には含まれていない

●第一次検定の試験内容

検定科目と 出題形式	解答はすべてマークシート方式 建築学等：四肢一択（知識） 施工管理法：四肢一択（知識）、四肢二択（能力） 法規：四肢一択（知識）
試験時間	入室時刻　9:45 まで 試験問題配布説明　10:00 ～ 10:15 試験時間　10:15 ～ 12:45
問題数	50 問出題し、そのうち 40 問を解答。各問題 1 点、40 点満点 ※制度改正前の過去問より
合格基準	得点が 60% ※制度改正前の過去問より

●第二次検定の試験内容

検定科目と 出題形式	いずれの種別もマークシート方式（すべて四肢一択）と記述式の両方。記述式を基本とし、知識に関する出題はマークシート、能力に関する出題は記述 建築：施工管理法 躯体：躯体施工管理法 仕上げ：仕上施工管理法
試験時間	入室時刻　14:00 まで 試験問題配布説明　14:00 ～ 14:15 試験時間　14:15 ～ 16:15
問題数	5 問。このうち問題 5 は、建築・躯体・仕上げの受験種別に従って該当する問題を選んで解答 ※制度改正前の過去問より
合格基準	得点が 60% ※制度改正前の過去問より

●問合せ先

　以上の情報は、本書執筆時のものです。検定に関する詳細・最新情報は、下記の試験運営団体のホームページを必ず確認するようにしてください。

一般財団法人　建設業振興基金

https://www.fcip-shiken.jp/
03-5473-1581

本書の使い方

●パパっとまとめ
学習内容が一目でわかるので、各項目の概要をサラッと把握できます。

●節番号・見出し
試験によく出るテーマを選んで構成しています。

●日付記入欄
学習日をメモできます。

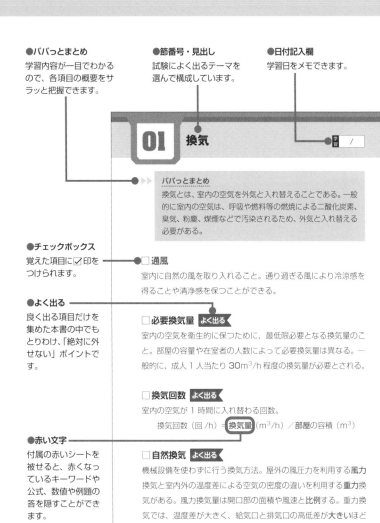

01 換気

学習 /

>>> パパっとまとめ
換気とは、室内の空気を外気と入れ替えることである。一般的に室内の空気は、呼吸や燃料等の燃焼による二酸化炭素、臭気、粉塵、煤煙などで汚染されるため、外気と入れ替える必要がある。

●チェックボックス
覚えた項目に☑印をつけられます。

□ **通風**
室内に自然の風を取り入れること。通り過ぎる風により冷涼感を得ることや清浄感を保つことができる。

●よく出る
良く出る項目だけを集めた本書の中でもとりわけ、「絶対に外せない」ポイントです。

□ **必要換気量** よく出る
室内の空気を衛生的に保つために、最低限必要となる換気量のこと。部屋の容量や在室者の人数によって必要換気量は異なる。一般的に、成人1人当たり $30m^3/h$ 程度の換気量が必要とされる。

□ **換気回数** よく出る
室内の空気が1時間に入れ替わる回数。
換気回数（回/h）＝ 換気量 (m^3/h) ／部屋の容積 (m^3)

●赤い文字
付属の赤いシートを被せると、赤くなっているキーワードや公式、数値や例題の答を隠すことができます。

□ **自然換気** よく出る
機械設備を使わずに行う換気方法。屋外の風圧力を利用する風力換気と室内外の温度差による空気の密度の違いを利用する重力換気がある。風力換気量は開口部の面積や風速に比例する。重力換気では、温度差が大きく、給気口と排気口の高低差が大きいほど換気量は大きくなる。

2

●例題
過去の試験問題から、テーマに添った問題を掲載しています。内容に変更を加えた場合は「改題」と記載しています。
※例題は一部表現を変更している場合があります。

●章タイトル
学習分野が一目でわかります。

機械換気 よく出る

機械設備を用いた換気方法。

☐ **第1種機械換気方式**：機械給気・機械排気による。屋内の空気圧が調整可能。

☐ **第2種機械換気方式**：機械給気・自然排気による。室内の空気圧が正圧となる。

☐ **第3種機械換気方式**：自然給気・機械排気による。室内の空気圧が負圧となる。

第1種機械換気方式

第2種機械換気方式

第3種機械換気方式

1 環境工学

例題

令和元年 前期 No.1 改題

通風、換気に関する記述として、**最も不適当なもの**はどれか。
1. 室内を風が通り抜けることを通風といい、もっぱら夏季の防暑対策として利用される。
2. 成人1人当たりの必要換気量は、一般に30m³/h程度とされている。
3. 機械換気方式には、屋外の風圧力を利用するものと室内外の温度差による空気の密度の違いを利用するものがある。
4. 換気回数は室内の空気が1時間に何回入れ替わるかを表す。

解答 3
解説 設問は、自然換気方式についての記述である。

3

目 次

第7章　施工管理　205

第8章　法規　243

1

第1章

環境工学

▶▶
> **パパっとまとめ**
> 換気とは、室内の空気を外気と入れ替えることである。一般的に室内の空気は、呼吸や燃料等の燃焼による二酸化炭素、臭気、粉塵、煤煙などで汚染されるため、外気と入れ替える必要がある。

□ 通風

室内に自然の風を取り入れること。通り過ぎる風により冷涼感を得ることや清浄感を保つことができる。

□ 必要換気量 よく出る

室内の空気を衛生的に保つために、最低限必要となる換気量のこと。部屋の容量や在室者の人数によって必要換気量は異なる。一般的に、成人1人当たり 30m^3/h 程度の換気量が必要とされる。

□ 換気回数 よく出る

室内の空気が1時間に入れ替わる回数。

換気回数（回/h）＝**換気量**（m^3/h）／**部屋の容積**（m^3）

□ 自然換気 よく出る

機械設備を使わずに行う換気方法。屋外の風圧力を利用する**風力**換気と室内外の温度差による空気の密度の違いを利用する**重力**換気がある。風力換気量は開口部の面積や風速と**比例**する。重力換気では、温度差が大きく、給気口と排気口の高低差が**大きい**ほど換気量は**大きく**なる。

機械換気 よく出る

機械設備を用いた換気方法。

☐ **第1種機械換気方式**：機械給気・機械排気による。屋内の空気圧が調整可能。

☐ **第2種機械換気方式**：機械給気・自然排気による。室内の空気圧が**正圧**となる。

☐ **第3種機械換気方式**：自然給気・機械排気による。室内の空気圧が**負圧**となる。

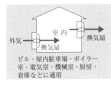

第1種機械換気方式

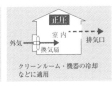

第2種機械換気方式

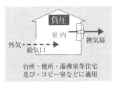

第3種機械換気方式

例題　　　　　　　　　　　　　　　令和元年 前期 No.1 改題

　通風、換気に関する記述として、**最も不適当なもの**はどれか。

1.　室内を風が通り抜けることを通風といい、もっぱら夏季の防暑対策として利用される。

2.　成人1人当たりの必要換気量は、一般に $30 m^3/h$ 程度とされている。

3.　機械換気方式には、屋外の風圧力を利用するものと室内外の温度差による空気の密度の違いを利用するものがある。

4.　換気回数は室内の空気が1時間に何回入れ替わるかを表す。

解答 3

解説 設問は、自然換気方式についての記述である。

02 伝熱と結露

▶▶ パパっとまとめ
　伝熱とは熱の伝わり方のことである。また、結露とは、壁面、窓、天井、配管などの表面又は内部の温度が周辺空気の**露点温度**（水蒸気を含む空気を冷却したとき、凝結が始まる温度）以下になると、水蒸気が水滴となる現象である。

伝熱

□ **熱伝導**：固体や静止した流体（空気や液体など）内部での熱移動のこと。熱移動の起こりやすさを**熱伝導率**と呼び、材質等により固有の熱伝導率をもつ。

□ **対流**：流体における、その循環や移動による伝熱のこと。温度差による**自然対流**やエアコンなどによる**強制対流**がある。

□ **輻射（放射）**：物体からの**電磁波**（遠赤外線等）による伝熱のこと。オイルヒーターやパネルヒーターなどが**輻射暖房**となる。

□ **熱伝達**

固体と流体など別の物質間での伝熱を**熱伝達**と呼ぶ。建築分野では、主に壁の内側、外側での熱伝達（壁と空気）が考えられる。

□ **熱貫流**

建物の室内外で、壁や屋根などを貫通して高温側から低温側へ熱が伝わる一連の現象を**熱貫流**という。通常、熱伝達→**熱伝導**→熱伝達の流れとなる。

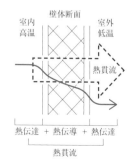

壁体断面
室内高温　室外低温
熱貫流
熱伝達 ＋ 熱伝導 ＋ 熱伝達
熱貫流

結露の種類 よく出る

☐ **表面結露**：水蒸気を多く含む空気が冷やされ、窓や壁などの**表面**で水滴となる結露。

☐ **内部結露**：**壁体内**や天井裏などに生じる結露。外気から浸入する**水蒸気**が要因の一つとなる。

結露の防止対策 よく出る

☐ **断熱**：壁体に**断熱材**を使用し、断熱性を高める（**熱貫流**を小さくする）。

☐ **換気（冬季暖房時）**：室内の**水蒸気量**を減らすため換気する。

☐ **除湿（通年）**：除湿器などにより室内の**水蒸気量**を減らす。

☐ **室内側の空気の流動**：**室内側表面**に近い空気を流動させる。

例題

平成 30 年 後期 No.1

湿度及び結露に関する記述として、**最も不適当なもの**はどれか。

1. 露点温度とは、絶対湿度が 100％になる温度である。
2. 冬季暖房時に、室内側から入った水蒸気により壁などの内部で生じる結露を内部結露という。
3. 冬季暖房時に、室内の水蒸気により外壁などの室内側表面で生じる結露を表面結露という。
4. 絶対湿度とは、乾燥空気 1kg と共存している水蒸気の質量である。

解答 1

解説 露点温度とは、水蒸気を含む空気を冷却したとき、凝結が始まる温度をいう。

▶▶ **パパっとまとめ**

日照は、直射日光が地面を照らしている状態であり、日射は
太陽光からの放射エネルギーを表す。一般的に建築の分野
では、日照は採光計画など日光の**明るさ**を考慮するときに
用い、日射は**熱的**効果を考慮するときに用いられる。

□ 可照時間 よく出る

季節やその場所の経度により、本来日照があるべき時間（日の出
から日没までの時間）を**可照**時間と呼ぶ。

□ 日照時間 よく出る

1日のうちで実際に日照のあった時間を**日照**時間と呼ぶ。日照時
間は、雨天や曇天などでは**少なく**なる。

□ 日照率

日照時間の**可照**時間に対する比を百分率で表したもの。

　　日照率（％）＝日照時間／可照時間

□ 日影曲線

地面に垂直に立てた棒でできる太陽の影の先端の軌跡を描いた曲
線を**日影曲線**という。緯度により異なった線となる。

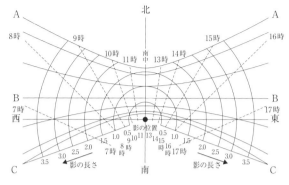

日影曲線図の例（北緯 35 度付近）

□終日日影・永久日影 よく出る

建物などに遮蔽され、一日中、日照がない部分を終日日影という。また、1 年のうち、最も日照条件のよい夏至において、終日日影となる部分を永久日影という。

日射の種別 よく出る

□ **直達日射（量）**：太陽から直接地上に到達する日射（量）のこと。

□ **天空日射（量）**：大気中で散乱・反射して天空の全方向から届く日射（量）のこと。散乱日射ともいう。

□ **全天日射（量）**：全天空からの日射（量）であり、全天日射量は、水平面における直達日射量と天空日射量の合計となる。

□終日日射量

ある面において、1 日に受ける日射量の総量。1 年のうち、夏至の水平面における終日日射量が最も多く、次に冬至の南向き鉛直面が多い（夏至においては水平面、冬至においては南向き鉛直面の終日日射量が多い）。

例題

　日照及び日射に関する記述として、**最も不適当なもの**はどれか。

1.　北緯35度付近の冬至における終日日射量は、南向きの鉛直面が他のどの向きの鉛直面よりも大きい。

2.　日照時間は、日の出から日没までの時間をいう。

3.　北緯35度付近の夏至における終日日射量は、東向きの鉛直面よりも水平面の方が大きい。

4.　大気透過率が高くなるほど、直達日射が強くなり、天空日射は弱くなる。

解答　2

解説　日の出から日没までの時間を可照時間といい、日照時間は実際に日照があった時間である。

> パパっとまとめ
> 採光とは、外部から**自然光**を取り入れ、室内等を明るくする
> ことをいう。照明とは、一般的には**人工照明**によって室内等
> を明るくすることをいう。広義的には、**採光**も照明の一部で
> あり、**昼光照明**とも呼ばれる。

明るさの定義と単位 よく出る

明るさは、その定義によりいくつかの単位により表される。

☐ **光束**：光源からの光の量。**可視光**（人間が感じる明るさ）の単
位時間当たりの量であり、単位は［**lm（ルーメン）**］。

☐ **光度**：光源からの光において、ある特定の方向へ出ていく光束
の密度を光度という。単位は［**cd（カンデラ）**］。

☐ **照度**：ある面での光の明るさの程度。ある面の照度は、$1\,\mathrm{m}^2$ 当
たりに入射する光束の量となる。単位は［**lx（ルクス）**］。

☐ **輝度**：光源や照らされている面の明るさを表す指標。ある面の
輝度は、その方向の光度をその面の見かけの面積で除した値と
なる。単位は、［**cd/m²**］。

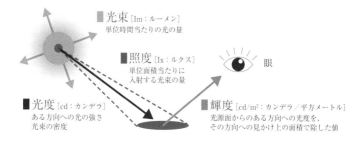

■光束 [lm：ルーメン]
単位時間当たりの光の量

■照度 [lx：ルクス]
単位面積当たりに
入射する光束の量

眼

■光度 [cd：カンデラ]
ある方向への光の強さ
光束の密度

■輝度 [cd/m²：カンデラ／平方メートル]
光源面からのある方向への光度を、
その方向への見かけ上の面積で除した値

□ 昼光率 　よく出る

昼光率とは、直射日光を除く屋外の照度（**全天空**照度）に対する室内のある点における照度の比率である。

　　　昼光率＝室内のある点の水平照度／全天空照度× 100 ［％］

昼光率は、全天空照度の室内での利用率であり、時刻や天候により全天空照度が変化しても、それに伴い室内照度も変化するため、昼光率は**変化しない**。

□ 基準昼光率 　よく出る

普通教室、事務室などの基準昼光率は 2 ％程度あればよく、住宅の居室ではこれらより小さく 0.7 ％程度である。

採光計画

□ **直射日光と天空光**：採光の光源は太陽であるが、直射日光では変動が激しく安定した採光が得られない。このため、一般的には直射日光を遮蔽し、**天空光**（拡散・反射されて地面に到達する直射日光以外の光）を用いる。

□ **天窓と側窓** 　よく出る 　：一般的に採光は窓から得るが、**天窓**からの採光は、同じ面積の側窓の 3 倍の採光効果がある。

□ 均斉度

照度分布の均一の程度を表す値のこと。照明の明るさのむらを示す指標で、均斉度が大きいほど明るさが**均一**であることを示す。一般には最低照度の最高照度に対する比率で表される。

□ 点光源と照度

点光源による照度は、光源からの距離の 2 **乗**に反比例する。

□ **色温度** よく出る

光源の色味を表す値であり、単位は［K（ケルビン）］。色温度が高いと**白、青系**となり、低いと**黄、赤系**の光色となる。

光源の向きなどによる照明の種類

□ **直接照明**：光源の光を直接当てる照明方法。光の9割以上が**下**方向となる。濃い陰影ができる。

□ **間接照明**：光源の光を天井や壁、床などに当て、その反射光で間接的に照らす照明方法。光源からの**下**方向への光が1割以下の場合、間接照明とされる。

照らす対象による照明の種類

□ **全般照明**：室内全体を一様に照明する方法。

□ **局部照明**：ある場所やものなどの小範囲だけを照明する方法。

□ **タスク・アンビエント照明** よく出る ：全般照明と局部照明を併用する照明方法。全般照明と局部照明を併用する場合、照度差が大きくなると目の疲れや、**グレア**が生じやすくなるため、全般照明の照度は局部照明の照度の1/10以上とすることが望ましい。

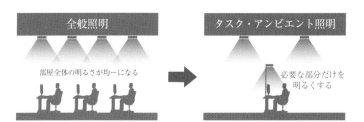

全般照明とタスク・アンビエント照明

□ グレア

輝度の高い部分や輝度の差が**大きい**場合などに感じるまぶしさ。

例題 1

昼光に関する記述として、**最も不適当なもの**はどれか。

1. 直射日光は、大気を透過して直接地表に届く昼光の成分である。
2. 昼光率は、屋外の全天空照度が大きくなると、低くなる。
3. 室内のある点における昼光率は、時刻や天候によって変化しない。
4. 室内の要求される基準昼光率は、居間より事務室の方が高い。

解答 2

解説 昼光率は、全天空照度の室内での利用率であり、時刻や天候により全天空照度が変化しても、それに伴い室内照度も変化するため、昼光率は変化しない。

例題 2

採光・照明に関する記述として、**最も不適当なもの**はどれか。

1. 照度は、単位面積あたりに入射する光束の量である。
2. 天窓採光は、側窓採光よりも採光量が多い。
3. 人工光源は、色温度が高くなるほど赤みがかった光色となる。
4. 輝度は、光源からある方向への光度を、その方向への光源の見かけの面積で除した値である。

解答 3

解説 色温度が高いと白、青系、低いと黄、赤系の光色となる。

▶▶
パパっとまとめ
音は、建築物の快適性を確保するうえで考慮しなければならない要素の一つである。音の基本的な性質や建築物と音との関係（室内音響や騒音など）について整理する。

□ 音の強さ よく出る

音の強さは、音圧レベル［dB（デシベル）］で表される。同じ音圧レベルの音が重なると約 3dB 大きくなる。また、点音源の場合、音の強さは音源からの距離の 2 乗に反比例し、音圧レベルは距離が 2 倍になると約 6dB 減少する。

□ 吸音 よく出る

壁体などに届いた入射音は、反射音と内部に吸収される音と**透過音**の 3 つに分かれる。この、音が吸収される現象を**吸音**と呼び、「入射音のエネルギー」に対する「反射音以外の音のエネルギー」の割合を吸音率という。

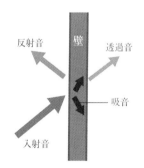

反射音　壁　透過音
吸音
入射音

□ 遮音 よく出る

壁体などへの入射音と透過音の音圧レベルの差を**透過損失**と呼び、透過損失が大きいほど遮音性が**高い**。一般に、面密度が**高い**ほど透過損失が**大きく**なる。

室内音響 よく出る

☐ **残響**：室内で発せられた音が、床・壁・天井などで反復反射し、音源からの音の停止後も、しばらく音が響いている現象。

☐ **反響（エコー）**：音源からの直接音と床・壁・天井などからの反射音に時間差が生じ、二つ以上の音がずれて聞こえる現象。

騒音

☐ **床衝撃音** よく出る ：室内で物を落としたり、人が歩くことで床が振動して下階に伝わる音。衝撃源の重さや硬さの違いによる**軽量衝撃音**と**重量衝撃音**がある。

☐ **NC曲線**：騒音が人に与える不快感やうるささの程度の許容値を示す曲線を NC 曲線という。

例題   平成 30 年 前期 No.3

音に関する記述として、**最も不適当なもの**はどれか。

1. 1点から球面状に広がる音源の場合、音源からの距離が2倍になると、音の強さのレベルは約 6dB 減少する。
2. 残響時間は、室内の仕上げが同じ場合、室の容積が大きいほど長くなる。
3. 同じ機械を同じ出力で2台運転した場合、1台を止めると、音の強さのレベルは約 3dB 減少する。
4. 単層壁の透過損失は、同じ材料の場合、厚さが厚いものほど小さくなる。

解答 4

解説 同じ材質ならば、厚いものほど面密度は高く透過損失は大きくなる（＝遮音性が高くなる）。

色

 環境工学

>> パパっとまとめ
色相・明度・彩度の色の三要素や、色彩のもつ心理的効果
（暖色・寒色、膨張色・収縮色など）について整理する。

□ 色の三要素（色相・明度・彩度）よく出る

- 色相：赤、黄、緑、青、紫といった色合いのこと。
- 明度：黒、灰色、白などを基準に決められた色の明るさの度合い。純黒を0、純白を10とした10段階で表す。
- 彩度：色のあざやかさの度合いのこと。色のない無彩を0とする。各色相で、最も彩度が高い色を**純色**という。

□ 無彩色、有彩色 よく出る

色味（色相、彩度）をもたない**明度**だけをもつ色を**無彩色**（白、黒、灰色）、これに対し色の三要素をもつ色を**有彩色**という。

□ 補色

2つの色を混ぜ合わせたとき、白色または灰色になる色を**補色**という。色相環（色相を順序立てて円環にして並べたもの）の正反対に位置する。補色を対比すると、あざやかさが増して見える。

□ 暖色、寒色 よく出る

赤等の暖かく感じる色を**暖色**、青等の涼しく感じる色を**寒色**という。

□ 色彩の面積効果

同じ色でも、その面積が**大きい**ほど、明度と彩度が**増して**見える。

□膨張色（進出色）・収縮色（後退色） よく出る

膨張し近くに見える色を**膨張**色（進出色）、収縮し遠くに見える色を**収縮**色（後退色）という。通常、**暖色**や明度の**高い**色は膨張色（進出色）、**寒色**や明度の**低い**色は収縮色（後退色）となる。

例題1

令和元年 前期 No.3

色に関する記述として、**最も不適当なもの**はどれか。

1. 一般に明度や彩度が高いほど、派手に感じられる。
2. 純色とは、各色相の中で最も明度の高い色をいう。
3. 無彩色とは、色味をもたない明度だけをもつ色をいう。
4. 色の温度感覚には、暖色や寒色と、それらに属さない中性色がある。

解答 2

解説 各色相の中で最も彩度の高い色を純色という。

例題2

平成30年 後期 No.3 改題

色に関する記述として、**最も不適当なもの**はどれか。

1. 一般に明度が高い色ほど膨張して見える。
2. 同じ色でもその面積が大きいほど、明るさや、あざやかさが増して見える。
3. 補色を対比すると、同化し、互いにあざやかさが失われて見える。
4. 暖色は、寒色に比べ一般に近距離に感じられる。

解答 3

解説 補色を対比すると、あざやかさが増して見える。

2

第2章

一般構造

07 木造在来軸組工法

学習　　/

▶▶ <u>パパっとまとめ</u>
木構造の軸組を構成する各部材の要点を把握する。

土台

☐ 筋かいにより引張力が生じる柱の脚部近くの土台には、柱の浮き上がりを防ぐため**アンカーボルト**を設置する。

構造耐力上主要な部分の柱

☐ 有効細長比は **150** 以下とする。

☐ 3 階建ての 1 階の柱の断面は、原則として小径 **13.5**cm 以上とする。

☐ 階数が 2 以上の建築物における隅柱又はこれに準ずる柱は、原則として**通し柱**とする。

梁等の横架材

☐ 梁、桁その他の横架材の中央部付近の下側には、耐力上支障のある**欠込み**をしてはならない。

筋かい

☐ 引張力を負担する木材の筋かいは、厚さ **1.5**cm 以上で幅 **9**cm 以上とする。

☐ 圧縮力を負担する木材の筋かいは、厚さ **3**cm 以上で幅 **9**cm 以上とする。

□ 筋かいの端部は、柱と梁その他の横架材との仕口に接近して、ボルト、かすがい、くぎその他の金物で緊結する。

□ 筋かいと間柱の交差する部分は、**筋かい**を欠き取らずに、**間柱断面**を切り欠く。

□ 筋かいをたすき掛けにするため、やむを得ず筋かいを欠き込む場合は、必要な補強を行う。

軸組

□ 筋かいを入れた軸組は、地震力などの水平荷重に対して、建築物に**ねじれ**が生じないようにつり合いよく配置する。

□ 地震力に対して有効な**耐力壁**の必要長さは、各階の床面積が同じであれば、1階の方が2階より大きな値となる。

□ **筋かいを入れた軸組の壁倍率**

筋かいの種類	壁倍率	
	片筋かい	たすき掛け
1.5cm × 9.0cm 以上	1.0 倍	2.0 倍
3.0cm × 9.0cm 以上	1.5 倍	3.0 倍
4.5cm × 9.0cm 以上	2.0 倍	4.0 倍
9.0cm × 9.0cm 以上	3.0 倍	5.0 倍

火打梁

□ 火打梁は、外周軸組の四隅や大きな力を受ける間仕切軸組の**交差部**に入れ、骨組みの**水平面**を堅固にする。

□ 床などの水平構面は、水平荷重を耐力壁や軸組に伝達できるよう**水平**剛性をできるだけ高くする。

継手・仕口

□ 構造耐力上主要な部分である継手又は仕口は、**ボルト**締、**かすがい**打、**込み**栓打等によりその部分の存在応力を伝えるように緊結する。

□ 接合金物

接合金物	用途
アンカーボルト	基礎と土台の緊結
ホールダウン金物	柱と基礎の緊結
筋かい金物	柱と筋かいの接合
羽子板ボルト	梁と梁、梁と柱の接合
短ざく金物	胴差相互の連結
ひねり金物	垂木と軒桁の接合

例題 1　　　　　　　　　　　平成 29 年 前期 No.4

　木造在来軸組工法に関する記述として、**最も不適当なもの**はどれか。

1. 圧縮力を負担する木材の筋かいは、厚さ 3cm 以上で、幅 9cm 以上とする。
2. 筋かいを入れた軸組は、地震力などの水平荷重に対して、建築物にねじれが生じないようにつり合いよく配置する。
3. 筋かいの端部は、柱と梁その他の横架材との仕口に接して、ボルト、かすがい、くぎその他の金物で緊結する。
4. 構造耐力上必要な筋かいを入れた軸組の長さは、各階の床面積が同じならば、2 階の方が 1 階より大きな値となる。

解答　4

解説　各階の床面積が同じならば、必要な軸組の長さは、1 階の方が 2 階より大きな値となる。

例題2

木造在来軸組工法に関する記述として、**最も不適当なもの**は
どれか。

1. 筋かいをたすき掛けにするため、やむを得ず筋かいを欠き
   込む場合は、必要な補強を行う。
2. 構造耐力上主要な部分である継手又は仕口は、ボルト締、
   かすがい打、込み栓打等によりその部分の存在応力を伝える
   ように緊結する。
3. 筋かいの端部は、柱と梁その他の横架材との仕口に近付け
   ず、くぎ等の金物で緊結する。
4. 階数が2以上の建築物における隅柱又はこれに準ずる柱
   は、原則として通し柱とする。

解答 3

解説 筋かいの端部は、柱と梁その他の横架材との仕口に接近して、
ボルト、かすがい、くぎその他の金物で緊結する。

08 RC 構造 （鉄筋コンクリート造）

学習 /

▶▶ **パパっとまとめ**

RC 構造は、圧縮には強いが引張には弱いコンクリートを、引張に強い鉄筋で補強した複合材料の建築構造物である。また、火に強いコンクリートで鉄筋を被覆することで、火災時の高温から鉄筋を保護する耐火構造となる。

RC 構造は、柱、梁及び耐力壁からなる。

鉄筋コンクリートの設計 よく出る

☐ コンクリートの**長期許容圧縮応力度**は、設計基準強度の 1/3 とする。

☐ コンクリートの**短期許容圧縮応力度**は、長期許容圧縮応力度の 2 倍とする。

☐ 鉄筋コンクリート構造の設計においては、コンクリートの**引張強度は無視できる**。

柱 よく出る

☐ 柱の主筋の断面積の和はコンクリート断面積の **0.8**％以上とし、柱の帯筋（フープ）を用い、帯筋量のコンクリート断面に対する比（帯筋比）は **0.2**％以上とする。

☐ 主筋は D13 以上とし、4 本以上とする。

☐ フープの間隔は 10cm 以内とすること。ただし柱の上下端以外では、15cm 以下とすることができる。

梁 よく出る

☐ 構造耐力上主要な梁は、**引張側**、**圧縮側**ともに鉄筋を配する複筋梁とする。

☐ 主筋はD13以上とする。

☐ 梁のひび割れ防止、せん断補強として、**あばら筋（スターラップ）**を用いる。

☐ スターラップの間隔は、D13以上を使うときは**梁せい**の1/2以下、かつ45cm以下とし、それ以下の径の鉄筋を用いるときは、**梁せい**の1/2以下、かつ25cm以下とする。

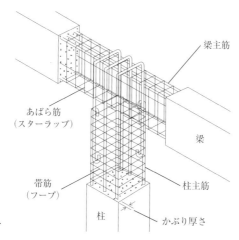

鉄筋コンクリート構造の概念図

耐力壁（耐震壁） よく出る

☐ 建築物において、地震や風などの水平荷重に抵抗する壁を**耐力壁（耐震壁）**という。

☐ 耐震壁の壁厚が20cm以上ある場合、壁筋を**複配筋**とする。

例題 1

　　鉄筋コンクリート構造に関する記述として、**最も不適当なも**のはどれか。

1.　耐震壁の壁量は、地震力などの水平力を負担させるため、下階よりも上階が多くなるようにする。
2.　大梁は、床の鉛直荷重を支えるとともに、柱をつなぎ地震力などの水平力にも抵抗する部材である。
3.　柱と梁の接合部を剛接合とした純ラーメン構造は、骨組みで地震力などの水平力に抵抗する構造である。
4.　床スラブは、床の鉛直荷重を梁に伝えるとともに、架構を一体化し地震力などの水平力に抵抗させる役割も持っている。

解答 1

解説 地震力による水平方向の建物変形を考える場合、押された方への平行移動に加え、回転しようとする力（ねじれ）が生じる。上階の偏りが大きいと下階はより**ねじれ**やすく、偏心率が大きくなるので、壁量も下階を大きくする。

例題 2

　　鉄筋コンクリート構造に関する記述として、**最も不適当なも**のはどれか。

1.　片持ちスラブの厚さは、持出し長さの 1/10 以上とする。
2.　コンクリートの長期の許容圧縮応力度は、設計基準強度の 1/3 とする。
3.　腰壁や垂れ壁が付いた柱は、地震時にせん断破壊を起こしにくい。
4.　耐震壁は、上階、下階とも同じ位置になるように設けるのがよい。

解答 3

解説 腰壁や垂れ壁が付いた柱は、**せん断破壊**を起こしやすいので、構造スリットなどを設けて分離する。

例題3

平成30年 後期 No.5

　　鉄筋コンクリート構造に関する記述として、**最も不適当なも**
のはどれか。
1.　鉄筋は、引張力だけでなく圧縮力に対しても有効に働く。
2.　梁のせん断補強筋をあばら筋という。
3.　柱のせん断補強筋は、柱の上下端部より中央部の間隔を密
にする。
4.　コンクリートの設計基準強度が高くなると、鉄筋のコンク
リートに対する許容付着応力度は高くなる。

解答 3
解説 柱のせん断補強筋（帯筋）は、せん断力が大きくかかる柱の中央部より上下端部に密に入れる。

例題4

平成29年 前期 No.5

　　鉄筋コンクリート構造に関する記述として、**最も不適当なも**
のはどれか。
1.　D32の異形鉄筋の継手には、重ね継手を用いてはならない。
2.　柱の出隅部の主筋には、末端部にフックを付ける。
3.　柱の帯筋比は、0.2%以上とする。
4.　梁の幅止め筋は、腹筋間に架け渡し、あばら筋の振れ止め
及びはらみ止めの働きをする。

解答 1
解説 ガス圧接等が絶対要求のものは、D35以上であり、通常D32
は付着割裂破壊防止のために**圧接**継手とすることが多い。間違
えやすいので注意が必要。

09 鉄骨構造（1）
特徴と構造形式

> **パパっとまとめ**
> 鉄骨構造とは、躯体に鉄製や鋼製の部材を用いる建築構造である。S 造とも呼ばれる。第 2 章では、鉄骨構造の概要について取り扱い、施工に関する詳細は第 6 章「鉄骨工事」で説明する。本項では鉄骨構造の特徴と構造形式の概要について整理する。

鉄骨構造の特徴 よく出る

☐ RC 構造に比べ、**大スパン**の建築物が可能である。

☐ RC 構造に比べ、同容積の建物では、構造体が**軽量**となる。

☐ 鋼材は強く粘りがあり、RC 構造に比べ**変形**能力が大きい。

☐ **工場**加工の比率が多く、安定した品質、工期の**短縮**などが期待できる場合が多い。

☐ 鋼材は**不燃材料**であるが、高温で強度が失われるため耐火性能に優れているとはいえず、**耐火被覆**を施す必要がある。

☐ 一般に鋼材は錆びやすいため、**防錆処理**を施す必要がある。

柱脚の形式

☐ **露出形式**：鉄骨柱が基礎から露出している柱脚。

☐ **根巻き形式**：露出柱脚をコンクリートで根巻きした柱脚。

☐ **埋込み形式**：基礎梁などに鉄骨柱が埋込まれた柱脚。

露出形式

根巻き形式

埋込み形式

構造形式

□ **ブレース構造**：柱、梁、ブレース（斜め方向の部材：木造における筋かい）による構造。

□ **ラーメン構造**：柱と梁を剛接合した構造。

□ **トラス構造**：小さな三角形を多数組み合わせた構造。**大スパン**の建築物が可能である。

例題1

令和元年 後期 No.5 改題

鉄骨構造の一般的特徴に関して、**最も不適当なもの**はどれか。

1. 軽量鉄骨構造に用いる軽量形鋼は、通常の形鋼に比べて、部材にねじれや局部座屈が生じやすい。
2. RC 構造に比べ、鉄骨構造の方が架構の変形能力が高い。
3. 鋼材は不燃材料であり、骨組は十分な耐火性能を有する。
4. 鉄筋コンクリート構造に比べ、鉄骨構造の方が大スパンの建築物を構築できる。

解答 3

解説 鉄骨構造は、高熱に弱く、耐火性能は大きくない。

例題2

平成30年 前期 No.5 改題

鉄骨構造の一般的特徴に関して、**最も不適当なもの**はどれか。

1. 圧縮材は、細長比が小さいものほど座屈しやすい。
2. 柱脚形式には、露出形式、根巻き形式、埋込み形式がある。
3. トラス構造は、比較的細い部材で三角形を構成し、大きな空間をつくることができる構造である。

解答 1

解説 細長比は棒部材の細長さを表す指標で、細長比が大きい（細長い）部材ほど座屈しやすい。

▶▶ **パパっとまとめ**

鉄骨構造でよく使用される材料について整理する。主部材としては、H形鋼や軽量形鋼の一つであるリップ溝形鋼などがよく用いられる。また、座屈防止や接合部に各種補助部材が用いられる。

主部材

☐ **H形鋼**：断面がH形をした形鋼。**フランジ**と**ウェブ**で構成され、断面効率に優れる。

☐ **軽量形鋼**：薄い鋼板により形成される形鋼。H形鋼に比べ、ねじれや座屈が生じやすい。各種断面の軽量形鋼があるが、建築では**リップ溝形鋼**がよく用いられる。

☐ **組立柱、組立梁**：形鋼など単一材を用いた柱・梁のほかに、複数の部材を組立てて1つにした**組立柱**、**組立梁**がある。それぞれ、箱型断面柱、**プレート梁**、**トラス梁**、ラチス梁などの種類がある。

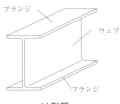

H形鋼

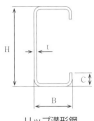

リップ溝形鋼

組立梁（プレート梁）

補助部材 よく出る

□ **スチフナー**：H形鋼の**座屈**を防ぐため**ウェブ**に取り付ける鋼板。材軸に垂直に取り付ける中間スチフナーと平行に取り付ける水平スチフナーがある。

中間スチフナー

水平スチフナー

□ **ダイアフラム**：柱と梁の接合部において、仕口の**剛性**を高める鋼板。角形鋼管柱を切断して取り付ける通しダイアフラム、角形鋼管柱の内側に取り付ける内ダイアフラム、角形鋼管柱の外側に取り付ける外ダイアフラムなどがある。一般的には通しダイアフラムが使用されることが多い。ダイアフラムは梁のフランジ厚さよりも**厚い**ものを用いる。

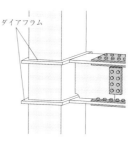

通しダイアフラム

内ダイアフラム

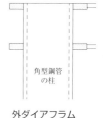

外ダイアフラム

□ **スプライスプレート**：鋼材の継手部分に部材間の応力を伝達するため使用する添え板のこと。

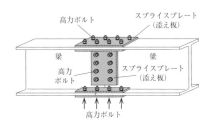

□ **フィラープレート**：板厚の異なる鋼板をボルト接合する際にすき間を少なくするために用いる鋼板。

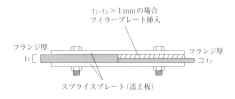

□ **ガセットプレート**：鉄骨構造の接点で、部材相互の接合に用いる鋼板。

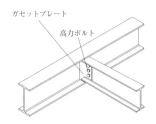
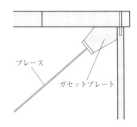

□ **ブレース (筋かい)**：鉄骨構造の斜めに入れる補強材。棒鋼や形
鋼が使われ、主に**引張力**に働く。

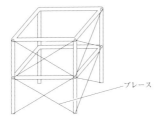

ブレース

□ **頭付きスタッド**：鉄骨梁と鉄筋コンクリート床版の接合に用い
る棒状の部材。鉄骨梁へ**溶接**する。

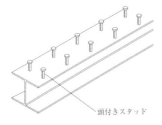

頭付きスタッド

鉄骨構造に関する記述として、**最も不適当なもの**はどれか。

1. 厚さの異なる板をボルト接合する際に設けるフィラープレートは、板厚の差によるすき間を少なくするために用いる。
2. 柱と梁を接合する接合部に設けるダイアフラムは、梁のフランジ厚さと同じ板厚のものを用いる。
3. ボルト接合の際に部材間の応力を伝達するために設けるスプライスプレートは、母材に添えて用いる。
4. 鉄骨梁と鉄筋コンクリート床版を一体とする合成梁に設ける頭付きスタッドは、梁へスタッド溶接して用いる。

解答 2

解説 ダイアフラムの厚さは剛性を高めるために用い、梁のフランジ厚よりも厚いものを用いる。

鉄骨構造の部材に関する記述として、**最も不適当なもの**はどれか。

1. 柱の形式には、形鋼などの単一材を用いた柱のほか、溶接組立箱形断面柱などの組立柱がある。
2. 梁の形式には、単一材を用いた形鋼梁のほか、プレート梁やトラス梁などの組立梁がある。
3. 筋かいは、棒鋼や形鋼を用いるもので、主に圧縮力に働く部材である。
4. ガセットプレートは、節点に集まる部材相互の接合に用いられる鋼板である。

解答 3

解説 鉄骨構造の筋かいは、主に引張力に働く部材である。

鉄骨構造（3）接合方法

▶▶ **パパっとまとめ**

鉄骨構造の接合方法には、大きく分けて、**ボルト**による接合方法（高力ボルト接合、普通ボルト接合）と**溶接**による接合方法がある。また、鉄骨梁と鉄筋コンクリート床板といった異なる素材を接合する場合もある。

高力ボルト接合 よく出る

高力ボルトを用いた接合方法で、「摩擦接合」「引張接合」「支圧接合」があるが、一般的には**摩擦接合**が用いられる。このとき、鋼材の摩擦面は**赤錆**の発生などにより、一定の値以上のすべり係数を確保することが重要である。

☐ **摩擦接合**：継手部材を高力ボルトで締め付け、材間圧縮力により得られる部材間に生じる**摩擦力**で応力を伝達する接合方法である。

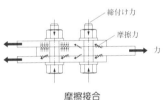

摩擦接合

☐ **引張接合**：摩擦接合と同様に、高力ボルトの締め付けによる材間圧縮力を利用するが、高力ボルトの**軸**の方向に応力を伝達する接合方法である。

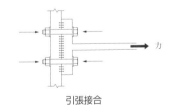

引張接合

☐ **支圧接合**：高力ボルトで継手部材を締め付け、ボルト軸部の**せん断**力及び部材の

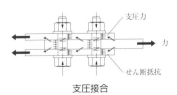

支圧接合

支圧力によって応力を伝える接合である。高力ボルトを用いた支圧接合を行う場合は、建築基準法施行令で応力度等が定められておらず、国土交通大臣の認定を受ける必要がある。

□ 普通ボルト接合

普通ボルトを用いた接合方法で、基本的には**支圧**接合となる。建築基準法施行令により使用の制限がある（述べ面積 3,000m² 以下、軒高 9m 以下、張り間（梁間）13m 以下）。また、ナットの溶接、二重にするなど、**戻り止め**の措置が必要となる。

溶接接合　よく出る

□ **完全溶込み溶接**：接合する母材の端部を適当な角度に切り取り（**開先**という）、全断面を完全に溶け込ませる溶接。溶接部の強度は母材と**同等以上**となるようにする。

□ **部分溶込み溶接**：接合する母材の端部の一部を切り取り、一部の断面を溶け込ませる溶接。

□ **隅肉溶接**：T型や重ね継手において、隅部分を溶接する方法。溶接の断面の大きさは、**のど厚**（a）、脚長、**サイズ**（S）で表される。

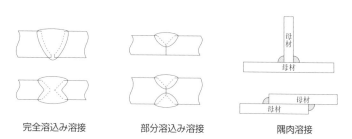

完全溶込み溶接　　　　部分溶込み溶接　　　　隅肉溶接

□ **のど厚 (a)**：溶接の厚み。

$a = (1/\sqrt{2})\, S \fallingdotseq 0.7S$

で計算される。

a：のど厚　S：サイズ

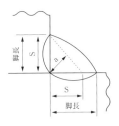

a：のど厚　S：サイズ

□ **脚長**：溶接断面における長さ。縦と横で異なる場合もある。

□ **サイズ (S)**：短い方の脚長とするため、縦横で同じ長さとなる。また、溶接の有効長さは、溶接の全長から始終端のサイズ(S)を除いた長さである。　**有効長さ＝溶接の全長－2S**

□ **高力ボルト接合と溶接接合の併用**：高力ボルトの摩擦接合と隅肉溶接とを一つの継手に併用するとき、高力ボルトの締付けを先に行う場合は、接合部の許容耐力として両者の許容耐力を**加算**できる。

□ **頭付きスタッドによる接合**：鉄骨梁と鉄筋コンクリート床版を一体化する場合、頭付きスタッドという棒状の部材を鉄骨梁へ**溶接**して接合する。

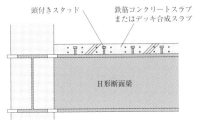

頭付きスタッドによる接合

平成 30 年 後期 No.6 改題

鉄骨構造に関する記述について、**最も不適当なもの**はどれか。

1. 高力ボルト摩擦接合は、高力ボルトで継手部材を締め付け、部材間に生じる摩擦力により応力を伝達する接合法である。

2. 普通ボルトを接合に用いる建築物は、延べ面積、軒の高さ、張り間について、規模の制限がある。

3. 溶接と高力ボルトを併用する継手で、高力ボルトを先に締め付ける場合は両方の許容耐力を加算してよい。

4. 隅肉溶接は、母材の端部を切り欠いて開先をとり、そこに溶着金属を盛り込んで溶接継目を形づくるものである。

解答 4

解説 隅肉溶接とは、母材の隅部分を溶接する方法で、記述は完全溶け込み溶接もしくは部分溶込み溶接についてのものである。

例題 2

令和元年 前期 No.6 改題

鉄骨構造に関する記述について、**最も不適当なもの**はどれか。

1. 完全溶込み溶接とは、溶接部の強度が母材と同等以上になるように全断面を完全に溶け込ませる溶接である。

2. 隅肉溶接とは、母材の隅部分を溶接する方法で、重ね継手には用いない。

3. 一定規模以下の建築物の構造耐力上主要な部分の接合を普通ボルト接合とする場合には、ボルトが緩まないようにナットを溶接したり二重にするなどの戻り止めの措置を講じる。

4. 支圧接合とは、ボルト軸部のせん断力と部材の支圧によって応力を伝える接合方法である。

解答 2

解説 隅肉溶接とは、母材の隅部分を溶接する方法であり、T 形継手や重ね継手に用いるものである。

3

第3章

構造力学

基礎構造・杭基礎

▶▶
パパっとまとめ

基礎構造の種類は直接基礎と杭基礎に分類され、**直接基礎**は建物の荷重を地盤で支えられる場合で、**べた基礎**と**フーチング基礎**に分類される。**杭基礎**は直接基礎で建物の荷重を支えられない場合で、**支持杭基礎**と**摩擦杭基礎**にそれぞれ分類される。

直接基礎の種類 よく出る

☐ **べた基礎**：建物の底面全てに基礎スラブを構築したもので、柱にかかる荷重及び柱の自重による荷重を基礎底面全体で支える。

べた基礎

☐ **フーチング基礎**：上部建物の荷重を地盤に伝えるために、フーチングと呼ばれる下部を広くした基礎をいう。フーチング基礎には柱ごとに支える独立フーチング、2～3本の柱を一つのフーチングで支える**複合**フーチング及びフーチング相互を連結する**連続**フーチング（布基礎）の3つがある。

フーチング基礎

杭基礎の種類 よく出る

☐ **支持杭基礎**：建物の荷重を、強固な支持地盤へ杭を通して直接伝える形式である。

支持杭

☐ **摩擦杭基礎**：支持地盤が深い場合に、杭周面と土との摩擦力により支持する形式である。

摩擦杭

例題 1

基礎構造に関する記述として、**最も不適当なもの**はどれか。

1.　独立フーチング基礎は、一般に基礎梁で連結する。

2.　同一建築物に杭基礎と直接基礎など異種の基礎を併用することは、なるべく避ける。

3.　直接基礎の鉛直支持力は、基礎スラブの根入れ深さが大きくなるほど大きくなる。

4.　直接基礎の底面は、冬季の地下凍結深度より浅くする。

解答 4

解説 直接基礎の底面が冬季の凍結による膨張作用の影響により、不等沈下等の発生のおそれがある。地下凍結深度より**深く**する。

例題 2

基礎等に関する記述として、**最も不適当なもの**はどれか。

1.　杭基礎は、一般に直接基礎で建物自体の荷重を支えられない場合に用いられる。

2.　杭は、支持形式による分類から大別して、支持杭と摩擦杭がある。

3.　同一建築物に杭基礎と直接基礎など異種の基礎を併用することは、なるべく避ける。

4.　直接基礎の鉛直支持力は、基礎スラブの根入れ深さが深くなるほど小さくなる。

解答 4

解説 直接基礎の鉛直支持力は、直接基礎底面と根入れによる直接基礎本体の摩擦による効果があり、根入れ深さが深くなるほど**大きくなる**。

3

構造力学

▶▶ **パパっとまとめ**

建築物に働く力を、荷重あるいは外力といい、これを基に構造計算が行われる。荷重及び外力の種類、内容は主に「建築基準法施行令第83条～88条」により定められている。

荷重・外力の種類 よく出る

☐ **固定荷重**：建築物自体の重さで、屋根、天井、壁、柱、床、梁等の部位と木造、RC造、鉄骨造の種類により異なる。

☐ **積載荷重**：人間、家具、物などの重さによる床の積載荷重で、建物の種類、用途により異なる。

☐ **積雪荷重**：雪の重さで、屋根の水平投影面積及び多雪区域とそれ以外の区域、雪下ろしの慣習のある地域で異なる。

☐ **風圧力**：速度圧に風力係数を乗じて算定するもので、過去の記録に基づいて地域により風力係数が定められている。

☐ **地震力**：地震による水平動と垂直動で、固定荷重と積載荷重の和に係数を乗じて求める。地域により地震層せん断力係数が定められている。

☐ **その他の外力**：法令にはないが実情を考慮し、地下室等に作用する、**土圧**、**水圧**、**振動**及び**衝撃**による外力がある。

固定荷重
建物の自重

積載荷重
人、家具等

地震力・風圧力

建築物に作用する力

例題 1

建築物の構造設計における荷重及び外力に関する記述として、**最も不適当なもの**はどれか。

1. 地震力は、建築物の弾性域における固有周期及び地盤の種類に応じて算定する。

2. バルコニーの積載荷重は、共同住宅の用途に供する建築物より学校の方が大きい。

3. 多雪区域における地震力の算定に用いる荷重は、建築物の固定荷重と積載荷重の和に積雪荷重の1/2を加えたものとする。

4. 建築物を風の方向に対して有効にさえぎる防風林がある場合は、その方向における速度圧を1/2まで減らすことができる。

解答 3

解説 多雪区域における地震力の算定に用いる荷重は、建築物の固定荷重と積載荷重の和に積雪荷重を加えたものとする。積雪荷重の1/2ではない。

例題 2

建築物の構造設計における荷重及び外力に関する記述として、**最も不適当なもの**はどれか。

1. 地震力は、建築物の固定荷重又は積載荷重を減ずると小さくなる。

2. 風圧力は、地震力と同時に作用するものとして計算する。

3. 積雪荷重は、積雪の単位荷重に屋根の水平投影面積及びその地方の垂直積雪量を乗じて計算する。

4. 固定荷重は、建築物各部自体の体積にその部分の材料の単位体積質量及び重力加速度を乗じて計算する。

解答 2

解説 風圧力は、速度圧に風力係数を乗じて計算し、地震力とは**別々**に作用するものとして計算する。

▶▶ パパっとまとめ
部材に荷重・外力が作用すると、それぞれの部材に応力として、曲げモーメントとせん断力が生じ、支点には反力が生じる。

発生応力 よく出る

☐ **モーメント（M）**：部材を、ある点 P のまわりに回転させる力で、M = 力(P) × 距離(l)で表し、右回りを（+）、左回りを（−）とする。

☐ **せん断力（Q）**：部材に対して直角方向に作用する、部材を切断しようとする力で、下向きを（+）、上向きを（−）とする。

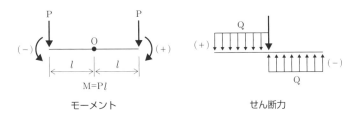

モーメント　　　　　　　　　　　せん断力

☐ **力の釣合い**：構造物が静止して安定状態のときは、どの点においても、**水平方向**、**鉛直方向**及び**回転力**の総和は 0 となる。

☐ **支点と反力**：支点には、ローラー、ヒンジ及び固定の 3 つの支点があり、それぞれに図のような鉛直反力（V）、水平反力（H）及びモーメント（M）が生じる。

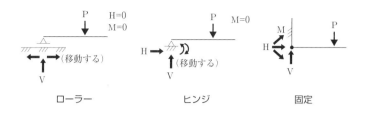

ローラー	ヒンジ	固定

単純梁の応力計算 よく出る

図の単純梁における応力計算を行う。

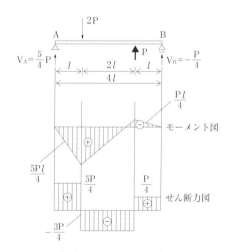

曲げモーメント・せん断力図

□ 反力の計算

鉛直方向の力の釣合いより $\Sigma V = V_A + V_B - 2P + P = 0$

$V_A + V_B = P$

点 A に関するモーメントの釣合いより $\Sigma M_A = V_A \cdot 4l - 2$

$P \cdot 3l + P \cdot l = 0$

$V_A = \dfrac{6P}{4} - \dfrac{P}{4} = \dfrac{5P}{4}$

□ 曲げモーメントの計算

曲げモーメントは、求める点までの回転力の総和として求める。

A 点の曲げモーメント　$M_A = 0$（ヒンジ支点）

C 点の曲げモーメント　$M_C = V_A \cdot l = \frac{5P}{4} \cdot l = \frac{5Pl}{4}$

D 点の曲げモーメント　$M_D = V_A \cdot 3l - \cdot 2l = \frac{15Pl}{4} - 4$

$$Pl = -\frac{Pl}{4}$$

B 点の曲げモーメント　$M_B = 0$（ローラー支点）

□ せん断力の計算

せん断力は求める点までの外力の総和として求める。

$Q_{A\sim C} = V_A = \frac{5P}{4}$

$Q_{C\sim D} = V_A - 2P = \frac{5P}{4} - 2P = -\frac{3P}{4}$

$Q_{D\sim B} = V_A - 2P + P = \frac{5P}{4} - 2P + P = -\frac{P}{4}$

□ 梁の種類と応力図　よく出る

梁	荷重図	モーメント図	せん断力図
単純梁			
両端固定梁			
片持ち梁			

図に示す単純梁に集中荷重 P_1 及び P_2 が作用したときに支点に生じる鉛直反力 V_A 及び V_B の値の大きさの組合せとして、**正しいもの**はどれか。

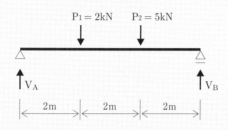

1. $V_A =$ 4kN、 $V_B =$ 3kN
2. $V_A =$ 3kN、 $V_B =$ 4kN
3. $V_A =$ 5kN、 $V_B =$ 2kN
4. $V_A =$ 2kN、 $V_B =$ 5kN

解答 2

解説 鉛直方向の力の釣合いより

$V_A + V_B = (P_1 + P_2) = 2 + 5 = 7$

点 B に関するモーメントの釣合いより

$\Sigma M_B = V_A \times 6 - 2 \times 4 - 5 \times 2 = 0$

$V_A = \frac{(8+10)}{6} = 3\text{kN} \qquad V_B = 7 - 3 = 4\text{kN}$

3

構造力学

　図に示す片持ち梁に等変分布荷重が作用したとき、C点に生じる応力の値として**正しいもの**はどれか。

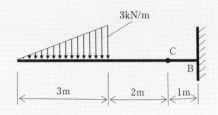

1.　せん断力は、3kN である。

2.　せん断力は、9kN である。

3.　曲げモーメントは、4.5kN・m である。

4.　曲げモーメントは、13.5kN・m である。

解答　4

解説　せん断力Q=$3 \times \frac{3}{2} = 4.5$kN　1、2ともに正しくない。
　　　　C点の曲げモーメントM=$4.5 \times (2 + \frac{1}{3}) = 13.5$kN・m

例題 3

図に示す単純梁に同じ大きさの集中荷重 P が作用したときの曲げモーメント図として、**正しいもの**はどれか。

ただし、曲げモーメントは材の引張側に描くものとする。

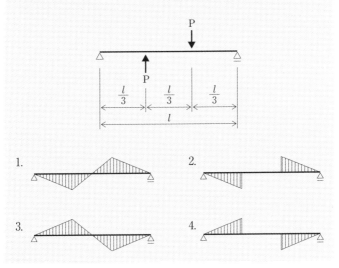

解答 3

解説 荷重 P の働く方向として、反時計回りに働く場合はマイナス、時計回りに働く場合はプラスとなる。荷重 P は単純梁の中心で同じ力が作用しているので、モーメント図としては 1 か 3 となり、下からの荷重 P は反時計回りの方向、上からの荷重 P は時計回りに働くので、モーメント図は 3 となる。

図に示すラーメンに集中荷重Pが作用したときの曲げモーメント図として、**正しいもの**はどれか。

ただし、曲げモーメントは材の引張り側に描くものとする。

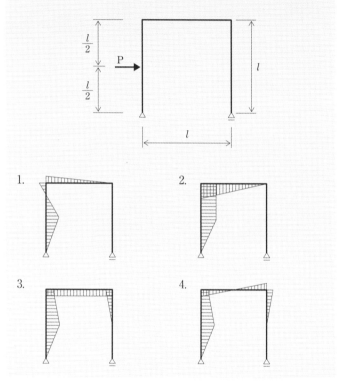

4

第4章

建築材料

15 コンクリート

>> **パパっとまとめ**
>
> コンクリートに関しては、骨材、強度、単位水量、単位セメント量、混和剤が重要ポイントである。

使用時期によるコンクリートの種類

☐ **暑中コンクリート**：日平均温度 25℃を超えることが予想される場合には、**暑中コンクリート**として扱う。

☐ **寒中コンクリート**：日平均温度 4℃以下になると予想される場合は、**寒中コンクリート**とし扱う。

骨材

☐ 骨材は、粒径によって**粗骨材**と**細骨材**に区別される。

☐ **粗骨材**：5mm のふるいに重量で 85% 以上とどまる骨材。

☐ **細骨材**：10mm ふるいをすべて通過し、5mm のふるいを重量で 85% 以上通過する骨材。

コンクリートの強度

☐ コンクリートは**圧縮強度**が大きい材料であり、**圧縮強度**を 1 とした場合、一般に他の強度とは以下のような関係となる。

☐ **圧縮強度** 1 >**曲げ強度** 1/4〜1/5 >**せん断強度** 1/5 以下> **引張り強度** 1/10 程度

☐ セメントの粉末が**微細**なほど、コンクリートの強度発現は早い。

☐ 水セメント比が大きくなるほどコンクリート強度は小さくなる。

単位水量

☐ コンクリートの単位水量が多いと**乾燥**収縮によるひび割れや**ブリージング**が大きくなる。

50

□ 単位水量の上限は 185kg/m^3 とする。

単位セメント量

□ 単位セメント量が小さすぎると、**ワーカビリティー**（生コンの打込み作業のしやすさ）が低下するおそれがある。

□ 単位セメント量の最小値は **270**kg/m^3 とする。

混和剤と混和材

□ 使用量が比較的少なく、コンクリートの配合計算で無視されるものを**混和剤**（減水剤、AE 剤、AE 減水剤、遅延剤、促進剤、急結剤、防水剤、発泡剤など）といい、使用量が比較的多く配合計算に関係するものを**混和材**（フライアッシュ、膨張材、高炉スラグ粉末など）という。

□ **AE 剤**：コンクリート中に気泡を発生させる混合剤。コンクリートのワーカビリティーを改善し、凍結融解に対する抵抗性を向上させる。

□ **減衰剤**：所用の**スランプ**を得るのに必要な単位水量を減少させるための混和剤。

例題　　　　　　　　　　平成 29 年 前期 No.11 改題

　コンクリートに関する一般的な記述として、**最も不適当なも**のはどれか。
1. 普通コンクリートの単位容積質量は、約 2.3t/m^3 である。
2. 単位水量が大きくなると、コンクリートの乾燥収縮が大きくなる。
4. コンクリートの引張強度は、圧縮強度の 1/5 程度である。

解答 4
解説 コンクリートの引張強度は、圧縮強度の 1/10（以下）程度。

16 鋼（構造用鋼材）

▶▶ パパっとまとめ

鋼は、およそ 2% 以下の炭素を含んだ鉄の合金であり、鉄骨造の建築物の構造耐力上主要な部に用いられる代表的な材料である。建築材料としては、通常、JIS 規格適合品が使用される。

鋼（構造用鋼材）の一般的特徴

☐ 主な材料定数等

密度 （kg/m³）	融点 （℃）	線膨張係数 （1/℃）	ヤング係数 （N/mm²）	ポアソン比
約 7,850	約 1,500	約 1.2×10^{-5}	約 2.05×10^5	0.3

☐ **引張強さ**：250〜300℃程度で最大となり、それ以上の高温で急激に**低下**する。

☐ **炭素含有量**：炭素含有量が多くなると、**引張強さ・硬さ**等が増すが、破断までの**伸び**が減少し、また溶接性も落ちる。

☐ **熱処理**：熱処理を施すことにより、大きく性質を変えることができる。

☐ **弾性変形**：弾性限度内で引張荷重を取り除くと、すぐに元の状態に戻りやすいという性質をもつ。

☐ **構造用鋼材の規格** ― JIS 規格による鋼材の種別 **よく出る**

種別	記号	概要
一般構造用圧延鋼材	SS	広く用いられるが、溶接に不向き
溶接構造用圧延鋼材	SM	溶接性に優れる
建築構造用圧延鋼材	SN	塑性変形能力・溶接性に優れる
一般構造用炭素鋼鋼管	STK	円形鋼管。材質は SS 材に類似
建築構造用炭素鋼鋼管	STKN	SN 材に準拠した円形鋼管
一般構造用角形鋼管	STKR	SS 材を使用した角形鋼管
一般構造用軽量形鋼	SSC	リップ溝形鋼などの軽量型鋼

平成 30 年 前期 No.11 改題

鋼の一般的な性質の記述として、**最も不適当なもの**はどれか。

1. 鋼は、弾性限度内であれば、引張荷重を取り除くと元の状態に戻る。

2. 鋼の引張強さは、250〜300℃程度で最大となり、それ以上の高温になると急激に低下する。

3. 鋼は、炭素含有量が多くなると、破断までの伸びが大きくなる。

4. 鋼のヤング係数は、約 2.05×10^5 N/mm^2 で、常温では鋼材の強度にかかわらずほぼ一定である。

解答 3

解説 炭素含有量が多くなると、引張強さ・硬さ等が増すが、破断までの伸びは減少する。

4

建築材料

例題 2

令和元年 後期 No.11

JIS（日本工業規格／現日本産業規格）に規定する構造用鋼材に関する記述として、**最も不適当なもの**はどれか。

1. 建築構造用圧延鋼材は、SN 材と呼ばれ、性能により A 種、B 種、C 種に分類される。

2. 溶接構造用圧延鋼材は、SM 材と呼ばれ、溶接性に優れた鋼材である。

3. 建築構造用炭素鋼鋼管は、STKN 材と呼ばれ、材質を SN 材と同等とした円形鋼管である。

4. 一般構造用圧延鋼材は、SSC 材と呼ばれ、一般的に使用される鋼材である。

解答 4

解説 一般構造用圧延鋼材は、SS 材と呼ばれる。

▶▶
パパっとまとめ
木材は最も身近な建築材料である。
水分（含水率）に焦点を当てると、その特性を理解しやすい。

含水率による性質

☐ 生材：伐採後、**乾燥**していない状態の木材。

☐ 繊維飽和点：生材から**自由水**だけが抜けた状態。含水率 **28～30**%。気乾状態に向かう過程で、割れや変形が生じる。

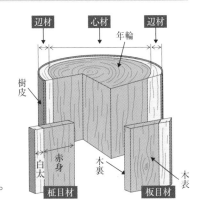

☐ 気乾状態：大気中に放置して大気中の湿度と**平衡**した状態。含水率 **15～18**%。

☐ 全乾状態：木材の成分が完全に無くなった状態。含水率 **0**%。

☐ 辺材は心材より含水率が**高い**。

木材の強度

☐ **繊維飽和点**以上では含水率が変化しても強度はほぼ一定。

☐ 含水率が同じ場合、密度の**大きい**ものほど強度も大きい。

☐ 引張強さは繊維方向が**大きく**、繊維に直交方向は**小さい**。

☐ 節は、断面減少や応力集中をもたらし強度を**低下**させる。

変形収縮

☐ 乾燥収縮の割合は年輪の**接線**方向が大きく**繊維**方向は小さい。

☐ 辺材は、心材に比べて乾燥に伴う**収縮**が大きい。

☐ 密度が大きいほど**含水率**の変化による膨張や収縮が大きい。

☐ 曲がり、ねじれ、反りは、一般に**広葉樹**の方が**針葉樹**より大きい。

その他の性質

☐ 心材は、辺材に比べて**腐朽菌**や**虫**害に対して抵抗が高く、耐久性が大きい。

☐ 熱伝導率は、密度が**小さく**含水率が**低い**ほど小さい。

☐ 年輪があるため、縦断面の位置によって**柾目**と**板目**が生ずる。

4

建築材料

例題

平成 29 年 後期 No.12

木材の一般的な性質に関する記述として、**最も不適当なもの**はどれか。

1. 木材の強度は、含水率が同じ場合、密度の大きいものほど大きい。

2. 年輪があるため、縦断面の位置によって柾目面と板目面の木目が生ずる。

3. 密度の大きい木材ほど、含水率の変化による膨張や収縮が大きい。

4. 気乾状態とは、木材の水分が完全に無くなった状態をいう。

解答 4

解説 気乾状態とは、大気中の湿度と平衡した状態をいう。
密度が大きいとは、密度が高いともいい、空隙が少なく身の詰まった状態のこと。

55

▶▶ **パパっとまとめ**

ボード類は種類が多いので代表的なものを示す。性能は、材料を由来としていると考えると理解が早い。

木質材料は、木材のよさを活かしながら改良を重ね、資源の有効活用を図っている。接着剤の強度も上がり、構造材としても利用されている。

□ ボード類 よく出る

ボードの種類	主な材料	性能
せっこうボード	せっこう	防火性
強化せっこうボード	せっこう ガラス繊維等	防火性 強度を向上
シージングせっこうボード	せっこうと両面の 原紙を防水加工	吸水時の強度低下を 低減
けい酸カルシウム板	けい酸質原料 石灰質原料 繊維等	軽量 耐火性 断熱性
フレキシブル板	セメント 無機質繊維	耐火性・高強度 耐衝撃性
木毛セメント板	木材 セメント	断熱性 吸音性
ロックウール板	鉱石 高炉スラグ	断熱性 吸音性
インシュレーションボード	繊維化した木材	断熱性 吸音性
パーティクルボード	小片化した木材	断熱性・遮音性

木質材料

☐ **集成材**：ひき板や小角材等を繊維方向に平行にして集成接着したもの

☐ **直交集成板（CLT）**：ひき板や小角材等を繊維方向に平行にして並べたものを直角に3層以上積層接着したもの

☐ **単板積層材（LVL）**：切削した単板を繊維方向に平行にして積層接着したもの

☐ **合板**：切削した単板3枚以上を主としてその繊維方向を互いにほぼ**直角**にして接着したもの

☐ **構造用パネル**：木材の**小片**を接着し板状に成形した一般材に、切削した単板を**積層**接着したもののうち、主として構造物の耐力部材として用いられるもの

4

建築材料

例題

平成30年 後期 No.14

ボード類の一般的な性質に関する記述として、**最も不適当なもの**はどれか。

1. インシュレーションボードは、断熱性に優れている。
2. シージングせっこうボードは、普通せっこうボードに比べ吸水時の強度低下が少ない。
3. ロックウール化粧吸音板は、吸音性、耐水性に優れている。
4. 木毛セメント板は、断熱性、吸音性に優れている。

解答 3

解説 ロックウール化粧吸音板は、吸音性・断熱性に優れている。耐水性はない。

建具の性能試験 よく出る

性能項目	測定項目	性能項目の意味
強さ	変位・たわみ	外力に耐える程度
耐風圧性	変位・たわみ	風圧力に耐える程度
耐衝撃性	形状変化	衝撃力に耐える程度
気密性	通気量	空気のもれを防ぐ程度
水密性	漏水	風雨による建具室内側への水の浸入を防ぐ程度
遮音性	音響透過損失	音を遮る程度
断熱性	熱貫流率	熱の移動を抑える程度
遮熱性	日射熱取得率	日射熱を遮る程度
結露防止性	温度低下率 結露状況	建具表面の結露の発生を防ぐ程度
防火性	変化	火災時の延焼防止の程度
面内変形追随性	操作トルク 操作力・開放力	地震によって生じる面内変形に追随し得る程度
耐候性	変化	構造、強度、表面状態などがある期間にわたり使用に耐え得る品質を保持している程度
形状安定性	形状変化	環境の変化に対して形状寸法が変化しない程度
開閉力	開閉力	開閉操作に必要な力の程度
開閉繰返し	変化・変位 開閉力	開閉繰返しに耐え得る程度

　JIS（日本工業規格 / 現日本産業規格）に規定する建具の性能試験における性能項目に関する記述として、**最も不適当なもの**はどれか。

1. 断熱性とは、建具表面の結露の発生を防ぐ程度をいう。
2. 水密性とは、圧力差によって生じる建具室内側への雨水などの浸入を防ぐ程度をいう。
3. 気密性とは、圧力差によって生じる空気のもれを防ぐ程度をいう。
4. 強さとは、内面及び外面力に耐える程度をいう。

解答 1

解説 断熱性とは、熱の移動を抑える程度をいう。建具表面の結露の発生を防ぐ程度は、結露防止性のことである。

　JIS（日本工業規格 / 現日本産業規格）に規定する建具の試験項目と測定項目の組合せとして、**最も不適当なもの**はどれか。

1. 結露防止性試験 … 熱貫流率
2. 耐風圧性試験 …… 変位・たわみ
3. 気密性試験 ……… 通気量
4. 水密性試験 ……… 漏水

解答 1

解説 結露防止性試験の測定項目は、温度低下率及び結露状況である。熱貫流率は断熱性試験の測定項目である。

4
建築材料

20 セラミックタイル

▶▶
パパっとまとめ

セラミックタイルは、JIS に、「粘土またはその他の無機質材料を成型し、高温で焼成した、厚み 40mm 未満の板状の不燃材料」と定義されているものである。

セラミックタイルの定義（JIS） よく出る

☐ **平物・役物**：平面に用いる**平物**と隅角部等に用いる**役物**があり、それぞれ**定形タイル**と**不定形タイル**に区分される。

☐ **裏あし**：モルタルなどとの接着をよくするため、タイルの裏面に付けた**リブ**や**凹凸**のこと。通常、外壁用タイルの裏足は**あり状**とする。

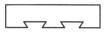
裏あし（あり状）

☐ **素地（きじ）**：タイルの主体をなす部分。施ゆうタイル（タイルの表面を覆うガラス質の被膜「ゆう薬」を施されたタイル）の場合は、**うわぐすり**を**除いた**部分。

☐ **ユニットタイル**：多数個のタイルを並べて連結したもの。**表張りユニットタイル**と**裏連結ユニットタイル**がある。

☐ **表張りユニットタイル**：タイルの表面に表張り紙を張り付けて連結したもの。表張り紙は、施工時に**はがす**。

☐ **裏連結ユニットタイル**：タイルの裏面や側面を裏連結材で連結したもの。裏連結材は、施工時にそのまま**埋め込む**。

セラミックタイルの種別（JIS） よく出る

☐ **成形方法による種類**：「押出し成形」と「プレス成形」がある。

☐ **吸水率による種類**：「Ⅰ類（3.0% 以下）」「Ⅱ類（10.0% 以下）」「Ⅲ類（50.0% 以下）」（一般的には、Ⅰ類は磁器質タイル、Ⅱ類はせっき質タイル、Ⅲ類は陶器質タイルに相当する）。

例題 1

日本産業規格（JIS）に規定するセラミックタイルに関する記述として、**最も不適当なもの**はどれか。

1. セラミックタイルの成形方法による種類には、押出し成形とプレス成形がある。
2. セメントモルタルによる外壁タイル後張り工法で施工するタイルの裏あしの形状は、あり状としなくてもよい。
3. 裏連結ユニットタイルの裏連結材は、施工時にそのまま埋め込む。
4. うわぐすりの有無による種類には、施ゆうと無ゆうがある。

解答 2

解説 剥落を防ぐため裏あしはあり状とする。

例題 2

日本産業規格（JIS）に規定するセラミックタイルに関する記述として、**最も不適当なもの**はどれか。

1. 素地は、タイルの主体をなす部分をいい、施ゆうタイルの場合、表面に施したうわぐすりも含まれる。
2. 表張りユニットタイルとは、多数個並べたタイルの表面に、表張り紙を張り付けて連結したものをいう。
3. 裏連結ユニットタイルとは、多数個並べたタイルの裏面や側面を、ネットや台紙等の裏連結材で連結したものをいう。
4. タイルには平物と役物があり、それぞれ形状は定形タイルと不定形タイルに区分される。

解答 1

解説 施ゆうタイルの場合は，うわぐすりを除いた部分をいう。

4

建築材料

▶▶ パパっとまとめ

シーリング材は、金属、コンクリート、ガラスなどの接合部の目地に不定形の状態で充填し、硬化後に部材と接着される。**水密性及び気密性**を確保するために使用される材料である。材料には有効期限があり、有効期限を過ぎたものは使用しない。

シーリング材の種類と特徴 よく出る

☐ **アクリル系**：**水性**タイプで**作業性**に優れるが、**耐候性・耐久性**が低い。

☐ **ウレタン系**：**耐久性**、**密着性**に優れるが、**耐候性**に劣り、施工時の湿気と温度が高い場合などに**発泡**を起こすことがある。また、**タック**（硬化後、粘着性が残ること）が生じやすい。通常、**ガラス**面には使用されない。ポリウレタン系とアクリルウレタン系がある。

☐ **シリコーン系**：特に**耐候性**、**耐熱性**などに優れ、紫外線による変色も少ないが、表面への塗料の**付着性**が悪い。

☐ **ポリサルファイド系**：**耐熱性・耐候性・粘着性**は良好であるが、表面の仕上塗材や塗料を**変色**、**軟化**させることがある。（材料に含まれる可塑剤が表面の塗料などと反応して変色、溶解、べたつきなどを起こす現象で**ブリード**という。ノンブリードの製品も開発されている。）

☐ **変成シリコーン系**：**耐候性**、**耐熱性**などに優れ、表面への塗装が可能であるが、**ガラス越し**の**耐光接着性**は劣るためガラス面には使用されない。

☐ **1成分形、2成分形**：1成分形は、あらかじめ調製されたシー

リング材で、2成分形は施工直前に基剤、硬化剤などを練り混
ぜて使用するものである。

例題1

シーリング材の特徴に関する記述として、**最も不適当なもの**
はどれか。
1. ポリサルファイド系シーリング材は、表面の仕上塗材や塗
   料を変色、軟化させることがある。
2. ポリウレタン系シーリング材は、ガラスまわり目地に適し
   ている。
3. シリコーン系シーリング材は、紫外線による変色が少ない。
4. アクリルウレタン系シーリング材は、表面にタックが残る
   ことがある。

解答 2

解説 ウレタン系のシーリング材はガラス越しの耐光接着性は劣るた
めガラス面には適さない。

例題2

シーリング材に関する記述として、**最も不適当なもの**はどれか。
1. ポリウレタン系シーリング材は、施工時の気温や湿度が高
   いと発泡のおそれがある。
2. シリコーン系シーリング材は、耐候性、耐久性に優れている。
3. アクリルウレタン系シーリング材は、ガラスまわり目地に
   適している。
4. 2成分形シーリング材は、施工直前に基剤、硬化剤などを練
   り混ぜて使用する。

解答 3

解説 例題1同様、ウレタン系シーリング材はガラスまわりの目地に
は適さない。

4
建築材料

22 防水材料

> ▶▶ パパっとまとめ
>
> 建築物の防水工法においては、主にアスファルト防水、シート防水、塗膜防水などが用いられる。特にアスファルト防水に使うシート状の製品を**ルーフィング**と呼んでいる。

アスファルト防水

☐ **アスファルトプライマー** `よく出る` ：下地と防水層の**接着性**を向上させるため、下塗りとして使用される乳液。

☐ **アスファルトフェルト**：有機天然繊維を主原料とした原紙にアスファルトを浸透させた**防水紙**。主に外壁に使用。

☐ **アスファルトルーフィング** `よく出る` ：有機天然繊維を主原料とした原紙にアスファルトを浸透、被覆し、表裏全面に**鉱物質粉末**を付着した屋根用防水材。

☐ **網状アスファルトルーフィング** `よく出る` ：天然又は有機合成繊維でつくられた**粗布**にアスファルトを浸透、付着させたもの。補強材として、**パイプまわり**や**立上り部**の張りじまいなどに用いられる。

☐ **砂付きあなあきルーフィング** `よく出る` ：ルーフィングの片面に1mm前後の鉱物質の粒子（砂）を付着した**砂付きルーフィング**に一定間隔で直径3cm以下の穴が開けられたもの。下地の挙動による防水層の破断を防止するなど、**絶縁**工法に用いられる。

☐ **ストレッチルーフィング**：有機合成繊維を主原料とした**不織布原反**にアスファルトを浸透、被覆し、表裏全面に**鉱物質粉末**を付着させたもの。引伸ばしに強く破断しにくい。

□ **絶縁用テープ** よく出る ：下地と防水層を部分的に絶縁し、下地の**挙動**の影響を避けるため使用する。通常、アスファルトルーフィング類の製造所の指定製品を用いる。

□ **改質アスファルトシート**：ポリマー等を加えて、対流動性・耐摩耗性・耐剥離性・付着性・たわみ追従性などを向上させた改質アスファルトを用いた防水シート。**トーチ**工法のほか、**常温粘着**施工にも用いられる。

□ シート防水（合成高分子系ルーフィングシート防水）

加硫ゴム系、塩化ビニル樹脂系などのシートを用いた防水材。

□ 塗膜防水

コンクリート下地に**ウレタンゴム系**、ゴムアスファルト系、FRP（繊維強化プラスチック）などの塗膜防水材を用いる防水工法。

4
建築材料

例題

防水材料に関する記述として、**最も不適当なもの**はどれか。

1. アスファルトプライマーは、下地と防水層の接着性を向上させるために用いる。
2. 砂付あなあきアスファルトルーフィングは、下地と防水層を絶縁するために用いる。
3. 網状アスファルトルーフィングは、立上り防水層の張りじまいや貫通配管回り等の増張りに用いる。
4. 絶縁用テープは、防水層の末端部に使用し、防水層のずれ落ち、口あき、はく離等の防止に用いる。

解答 4

解説 絶縁用テープは、下地と防水層を部分的に絶縁し、下地の挙動の影響を避けるため使用するテープである。コンクリート下地の打継ぎ箇所やひび割れ箇所などに使用する。

▶▶

カーペット

☐ **ウィルトンカーペット**：基布とパイルを同時に機械で織る敷物

☐ **タフテッドカーペット**：基布にパイルを刺し込んで植毛し、パ
イルの抜けを防止するために裏面に接着剤を塗布し、裏地を張
り付けた敷物

☐ **タイルカーペット**：カーペットを正方形に裁断加工し、バッキ
ング材で裏打ちしたタイル状敷物

☐ **ニードルパンチ**カーペット：シート状の繊維で基布を挟み、針
で刺して上下の繊維を絡ませた敷物

☐ **コード**カーペット：パイルをうね状に並べてゴムなどの下地に
接着固定した敷物

例題

令和元年 後期 No.14 改題

カーペットに関する記述として、**最も不適当なもの**はどれか。

1. タフテッドカーペットは、パイル糸をうね状に並べて基布
   に接着固定した敷物である。
2. ウィルトンカーペットは、基布とパイル糸を同時に織り込
   んだ、機械織りの敷物である。
3. タイルカーペットは、バッキング材を裏打ちしたタイル状
   敷物である。

解答 1　**解説** タフテッドカーペットは、基布にパイルを刺し込ん
で植毛し、パイルの抜けを防止するために裏面に接
着剤を塗布し、裏地を張り付けた敷物である。

5

第5章

建築設備

▶▶ パパっとまとめ

構内舗装として、アスファルト舗装、コンクリート舗装のほか、インターロッキング舗装、コンクリート平板舗装などがある。

舗装の構成 よく出る

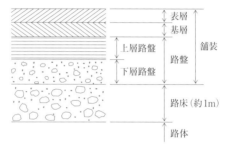

アスファルト舗装の例

☐ **表層**：最上部の層で、交通荷重を分散するとともに、**摩耗**やせん断力に抵抗し、平坦性、走行性など**路面**の機能を確保する。

☐ **基層**：表層の下の層で、路盤の不陸を整正し、表層に加わる荷重を**均一**に**路盤**に伝達する。

☐ **路盤**：路床の上の層で、上層からの荷重を**分散**して**路床**に伝える。上層路盤・下層路盤で構成されることもある。

☐ **路床**：舗装を支持する地盤で、路盤の下、厚さ約 1 m の部分。現地盤の土を十分に締め固めるか、地盤が軟弱な場合は、安定処理、置換えなどの**路床改良**を行う。

☐ **設計 CBR**：舗装厚を決める際に用いる路床の**支持力**を表す指標。一般に、値が大きいほど舗装厚は**薄く**できる。

アスファルト舗装 よく出る

- [ ] **特徴**：表層・基層にアスファルト混合物を使用した舗装。荷重及び温度変化に対して**たわみ**変形する。

- [ ] **クラッシャラン**：岩石を**砕いた**だけのもので、ふるい分けされていない砕石。路盤に使用される。

- [ ] **タックコート**：表層と基層の**接着性**を高めるために用いる。

- [ ] **プライムコート**：路盤とアスファルト混合物の**なじみ**をよくするために用いる。

□コンクリート舗装

表層にコンクリートを用いた舗装。材料のスランプの値は、一般の建築構造物に用いるものより**小さい**。

5
建築設備

例題 　　　　　　　　　　　　　平成30年 後期 No.15

　アスファルト舗装工事に関する記述として、**最も不適当なもの**はどれか。

1. アスファルト舗装は、交通荷重及び温度変化に対してたわみ変形する。

2. 路盤は、舗装路面に作用する荷重を分散させて路床に伝える役割を持っている。

3. プライムコートは、路床の仕上がり面を保護し、路床と路盤との接着性を向上させる役割を持っている。

4. 表層は、交通荷重による摩耗とせん断力に抵抗し、平坦ですべりにくい走行性を確保する役割を持っている。

解答 3

解説 プライムコートは、路盤とアスファルト混合物のなじみをよくするものである。

69

25 電気設備（1）電気・通信設備等

学習 /

▶▶ **パパっとまとめ**

電気設備の基本的な項目として、電圧区分、受配電施設、配線工事、接地工事、通信設備などについて整理する。照明設備や防災設備なども電気設備の一部であるが、これらは別項で取り上げる。

□ 電圧区分 よく出る

主に、**低圧**は一般住宅、**高圧・特別高圧**は大量の電力が必要となる大規模工場などで用いられる。

電圧区分の概要

区分	交流	直流
低圧	600V 以下	750V 以下
高圧	600V を超え 7,000V 以下	750V を超え 7,000V 以下
特別高圧	7,000V を超える	

受電、配電設備 よく出る

□ **配電盤・キュービクル**：一般に、発電所から送られてくる**高圧**の電気を**低圧**に変圧して配分する受電設備を**配電盤**と呼び、特にこれらの設備一式を金属製の筐体に収めたものを**キュービクル**という。

□ **分電盤**：電灯やコンセントなどへ電気を**分配**するための設備で、金属製又はプラスチック製の箱に配線用遮断器や**漏電遮断器**などが収容される。

□ **配線用遮断器**：過大に流れた電流や**短絡**（ショート）を検知して、自動的に回路から負荷を遮断する安全装置である。

□ **漏電遮断器**：漏電を検出して、自動的に回路を遮断する安全装置である。

□ **バスダクト**：銅やアルミニウムを導体とし、外側を**絶縁物**で
覆った部材で、主に**幹線**（配電盤から分電盤や制御盤までの配
線）に用いられる。

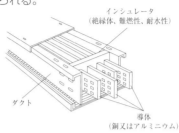

インシュレータ
（絶縁体、難燃性、耐水性）

ダクト

導体
（銅又はアルミニウム）

配線工事

□ **単相**：2本の電線を用いて送電する方法で、主に**一般住宅**など
で用いられる。単相2線式100V又は単相3線式100/200V
などの配線がよく使用される。

□ **三相**：電流あるいは電圧の位相を互いにずらした3系統の単
相を組み合わせた送電方法である。単相と比べて**少ない**電流で
同じ電力を得られるため、**産業用**の機器などで利用されること
が多い。通常、三相3線式200Vの配線が使用される。

□ **電線**：送電用の線状の部材であり、導体を絶縁物で被覆したも
のを**絶縁**電線という。

□ **ケーブル**：一般的には、導体に絶縁を施した絶縁電線をさらに
シース（保護被覆）で覆った電線のことを指す。また、情報通
信を目的とした配線などをケーブルと呼称する場合も多い。

□ **可とう電線管**：電線管は、電線・ケーブルを収める金属製ある
いは合成樹脂製の管状の資材である。可とう電線管は、手で自
在に曲げられる**フレキシブル**管のことで、屈曲部などに用いら
れる。

5

建築設備

□ **電線の接続**：低圧屋内接続工事において、電線を接続する場合は、**ジョイントボックス**、接続管その他の器具を使用するなどし、接続部分を**露出**させてはいけない。

□ 接地工事

漏電による感電や火災の防止、機器の保護などを目的とし、電気機器などを電気的に**大地**に接続する工事。以下の種類がある。一般に、**アース**とも呼ばれる。

設置工事の種類

種別	機械器具の区分
A 種接地工事	高圧用、特別高圧用
B 種接地工事	高圧、特別高圧の電路と低圧電路とを結合する変圧器の低圧側
C 種接地工事	300V を超える低圧用
D 種接地工事	300V 以下の低圧用

通信設備 よく出る

電気通信を行うための設備であるが、近年、インターネットの普及やこれに伴う通信データの増大や設備の多様化に伴い、建築分野における電気設備としても重要な位置を占めている。

□ **PBX**：企業等に設置される電話回線の**交換機**のことで、内線どうしの接続や、外線との接続をコントロールする構内交換機のこと。

□ **IP-PBX**：IP 電話（インターネットに接続して音声を届ける通話方法の電話）を利用する構内交換機。

□ **同軸ケーブル**：主にテレビアンテナや CATV からの配信などといった情報通信に使用される。導体の外部を**ビニルシース**で被覆した同心円状の構造となっている。

□ **モデム**：パソコンなどに用いるデジタル信号と電話回線などの
アナログ信号を**相互変換**する機器。

□ **ルーター**：パソコンなどの複数の機器をインターネットや
LAN（企業や施設などの限られた範囲内で用いられるコン
ピュータネットワーク）につなげるための機器。

□ **LAN ケーブル**：LAN の構築に用いられる配線用ケーブル。

□ **無線 LAN**：LAN ケーブルを使用せず、無線通信でデータの送
受信を行う LAN システムのことである。

例題   平成 30 年 後期 No.16

　建築物の電気設備及び電気通信設備に関する用語の説明とし
て、**最も不適当なもの**はどれか。
1.　キュービクルは、金属製の箱に変圧器や遮断器などを収め
たものである。
2.　IP － PBX は、施設内の LAN を利用して内線電話網を構
築できる交換機である。
3.　漏電遮断器は、屋内配線の短絡や過負荷などの際に、回路
を遮断するための装置である。
4.　同軸ケーブルは、CATV の配信などの情報通信に用いられる。

解答 3
解説 漏電を検出して、自動的に回路を遮断する安全装置である。設
問は配線用遮断器についての記述である。

5

建築設備

73

電気設備（2）
配線用図記号

▶▶ パパっとまとめ

配線用図記号は、日本産業規格（旧日本工業規格）「JIS C 0303 構内電気設備の配線用図記号」に規定されている。

□ 主な構内電気設備の配線用図記号 よく出る

名称	図記号	名称	図記号
白熱灯	○	情報用アウトレット	(I)
白熱灯（ペンダント）	⊖	接地端子	⏚
白熱灯（シーリング）	(CL)	換気扇	∞
蛍光灯	▭○▭	配線用遮断器	B
壁付蛍光灯	▭○	漏電遮断器	E
点滅器	●	プルボックス	⊠
3路点滅器	●₃	配電盤	▭◁▷▭
壁付コンセント	⊖ ⊖:	分電盤	◢
壁付コンセント（2口）	⊖₂ ⊖:₂	制御盤	◣◢
屋外灯	⊕	OA盤	◿

例題 1

　日本産業規格（JIS）に規定する構内電気設備の名称とその配線用図記号の組合せとして、**不適当なもの**はどれか。

1.　情報用アウトレット（LAN ケーブル端子）……

2.　蛍光灯 ……………………………………………

3.　3 路点滅器 ………………………………………

4.　配電盤 ……………………………………………

解答 1

解説 情報用アウトレット（LAN ケーブル端子）は であり は、壁付コンセントである。

例題 2

　日本産業規格（JIS）に規定する構内電気設備の名称とその配線用図記号の組合せとして、**不適当なもの**はどれか。

1. 情報用アウトレット（LAN ケーブル端子）……

2. 蛍光灯 ……………………………………………

3. 換気扇 ……………………………………………

4. 分電盤 ……………………………………………

解答 4

解説 分電盤を示す記号は である。 は、配電盤である。

5

建築設備

▶▶ **パパッとまとめ**
照明設備 (特にランプの種類) について整理する。住宅や事務所などにおいては、白熱電球や蛍光灯が主流であったが、近年では、高効率・長寿命である LED 化が進んでいる。

□ 白熱電球

ガラス球内のフィラメントに電流を流し、発熱・発光するしくみのランプである。消費電力が**高く**寿命も**短い**。

蛍光ランプ

放電によって発生した紫外線が、ガラス管内側の蛍光体に当たって発光するランプ。白熱電球に比べると**高効率**、**長寿命**である。

□ **スタータ型**：グロースタータという点灯管を用いて点灯させる方式。スイッチを入れてから点灯まで**時間**がかかり、**ちらつき**も出やすい。**FL** 蛍光ランプが使用される。

□ **ラピッドスタート型**：電極を加熱すると同時に、電極間に高電圧を与え点灯させる方式。点灯管が**不要**で**短時間**で点灯させることができる。**FLR** 蛍光ランプが使用される。

□ **インバータ型 (高周波点灯型)**：インバータ (電子安定器) を用いて点灯。ちらつきが少なくランプ効率もよい。**Hf** 蛍光ランプを使用する。

□ LED 照明

発光ダイオードを使用した照明である。**消費電力**が小さい、**長寿命**、高輝度、熱線や紫外線が少ないなどの特徴がある。演色性に劣るといわれてきたが、高演色性の LED も開発されている。一般住宅をはじめ、商業施設、事務所、屋外照明など広範囲に使用

されている。

□ハロゲン電球

電球内に、不活性ガスと微量のハロゲンガスを封入した白熱電球の一種。**輝度**や**演色性**が高く、商業施設用、舞台照明用などに使用される。通常の白熱電球に比べて寿命も長い。

□水銀ランプ

電球内の水銀蒸気中の放電による発光を利用したランプである。一般照明には**高圧水銀ランプ**が用いられ、体育館などの高天井の建物や街灯などの屋外照明に使用されてきた。しかし、一般照明用の高圧水銀ランプについては、製造、輸出又は輸入が 2021 年から**禁止**となった。

□メタルハライドランプ

高圧水銀ランプに金属のハロゲン化物を添加封入した放電ランプ。**演色性**に優れ、スポーツ・商業施設などの照明に使用される。

例題

令和元年 後期 No.16 改題

　照明設備に関する一般的な記述として、**最も不適当なもの**はどれか。

1.　LED は、高効率で他の照明器具に比べ寿命が長く、省エネ対策として広く用いられる。
2.　Hf 蛍光ランプは、ちらつきが少なく、主に事務所などの照明に用いられる。
3.　ハロゲン電球は、低輝度であり、主に道路やトンネルの照明に用いられる。

解答 3

解説 ハロゲン電球は輝度や演色性が高く、商業施設用、舞台照明用などに使用される。

▶▶ パパっとまとめ
防災設備には、「警報設備（火災警報器や非常ベルなど）」
「避難設備（避難器具や誘導灯など）」「消火設備（消火栓や
スプリンクラーなど）」などがある

警報設備

□ **自動火災警報器**：自動的に火災の発生を感知し、**火災信号**を発信するもの。

- **熱感知**（差動式は熱の上昇率を感知、定温式は一定の温度を感知し作動する）
- **煙感知**（空気中に含まれる煙の一定の濃度を感知し作動）
- **炎感知**（炎から放射される紫外線や赤外線を感知し作動）
- **スポット型**（一局所の熱や煙により作動）
- **分布型**（広範囲の熱や煙の累積により作動）

□ **ガス漏れ警報器**：ガス漏れを感知する警報器。不完全燃焼等による CO（一酸化炭素）も併せ感知する警報器もある。

□ **非常警報設備**：**非常ベル**に代表されるもので、人間がボタンを押すなどの操作をして、ベルやブザーを鳴らす装置。非常用放送設備もこれに含まれる。

避難設備 よく出る

□ **避難器具**：避難はしごや非常階段など。

□ **客席誘導灯**：劇場や映画館などで、避難上必要な**床面照度**の確保を主な目的に、客席の**足元**などに設ける誘導灯。

□ **非常用照明（非常灯）**：火災などの災害時に**停電**した場合に自動的に点灯し、避難上必要な**床面照度**を確保する照明設備。

□ **避難口誘導灯**：避難口の位置を明示するため避難口の上部等に設ける誘導灯。

□ **通路誘導灯**：廊下や階段に設置し、避難口（非常出口）の**方向**を示す誘導灯。

避難口誘導灯の表示例

通路誘導灯の表示例

消火設備

□ **消火栓**：消火活動に必要な水を供給するための設備で、屋内消火栓と屋外消火栓がある。屋内では、消火栓・ホース・ノズルなどが収められた**消火栓格納箱**を設置する場合が多い。

□ **スプリンクラー**：天井や天井裏などに設置され、火災の感知から放水による消火活動までを自動的に行う消火設備。

5
建築設備

例題
平成 29 年 後期 No.16

防災設備に関する記述として、**最も不適当なもの**はどれか。

1. 避難経路に設ける通路誘導灯は、避難の方向の明示を主な目的とする避難設備である。

2. 劇場の客席に設ける客席誘導灯は、避難上必要な床面照度の確保を主な目的とする避難設備である。

3. 非常警報設備の非常ベルは、火災発生時に煙又は熱を感知し、自動的にベルが鳴る警報設備である。

4. 非常用の照明装置は、火災時等に停電した場合に自動的に点灯し、避難上必要な床面照度を確保する照明設備である。

解答 3
解説 非常ベルは、人間がボタン等を操作する必要がある。

29 空気調整設備

> **パパっとまとめ**
>
> 空気の温度、湿度、空気清浄度、気流などの室内環境を調節
> する設備である。熱源の設置場所により「**中央熱源方式**」と
> 「**個別分散熱源方式**」に分類され、また、熱の輸送の仕方に
> よって「**全空気方式**」「**水方式**」「**空気・水方式**」「**冷媒方式**」
> 等に分類される。

□ 全空気方式 よく出る

機械室でつくった**温風・冷風**を送風する方式。

□ **単一ダクト方式**：機械室から、1本のダクトを分岐して各室に
温風・冷風を送る方式。定風量方式と変風量方式がある。

□ **定風量方式（CAV方式）**：一定の風量で、送風**温度**を変化させ
て室温を調整する。各部屋ごとの個別制御は**できない**。

□ **変風量方式（VAV方式）**：**風量**を変えて室温を調整する。末端
に変風量ユニットを設置。個別制御が**可能**である。

□ **二重ダクト方式**：温風と冷風を別につくり、それぞれ別のダク
トで送風し、末端の**混合ボックス**で適温に混合し各部屋などに
送風する。個別制御が**可能**である。

□ **各階ユニット方式**：建物の**各階**に熱源機器や空調機を設置し、
それぞれの階で空調を制御する方式。ユニットごとの空調制御
が**可能**である。

□ 水方式

中央の機械室で**温水や冷水**をつくり、循環ポンプで**水**のみを末端
まで送り、ここで空気と**熱交換**させる方式。

□ **ファンコイルユニット方式**：ファン（送風機）とコイル（熱交換器）をユニット化した**ファンコイルユニット**（空調機）を末端の部屋などに置いて、機械室から送られてきた**温水・冷水**と熱交換する方式。個別の空調制御が**可能**である。外気の取込みのため、別途**換気**設備が必要である。

□ **冷媒方式**：冷媒ガスを用いて熱交換を行う方式。

□ **パッケージユニット方式**：冷凍機、送風機、冷却・加熱コイル、加湿器、エアフィルター、制御機器などを一体化した**パッケージユニット**を各階などに設置して空調を行う方式。一般に、冷暖房可能な**ヒートポンプ**方式が採用される場合が多い。ユニットごとの制御が**可能**である。

例題 令和元年 後期 No.17 改題

空気調和設備に関する記述で、**最も不適当なもの**はどれか。

1. 単一ダクト方式における CAV 方式は、室内に吹き出す風量が一定であり、室内環境を一定に保つことができる。

2. 二重ダクト方式は、別々の部屋で同時に冷房と暖房を行うことができる。

3. パッケージユニット方式は、熱源機器でつくられた冷水や温水を各室のパッケージユニットに供給し、冷風や温風が吹き出るようにしたものである。

解答 3

解説 パッケージユニット方式は、冷媒ガスを用いて熱交換を行う空調設備である。

▶▶ パパっとまとめ

給排水設備においては、上水道からの給水方式や給水タンク、配管などの関連設備についてや屋内排水のしくみ（排水トラップや通気管など）についてを整理する。

直結給水方式：水道本管から直結する給水方式。

□ **水道直結直圧方式**：水道本管の水圧のみで建物内に直接給水する方式。通常、3階建てまでの建物に用いる。

□ **水道直結増圧方式**：水道本管の水圧に加えて**増圧給水**装置で水圧を高めて給水する方式。通常、4階建て以上の中規模マンションなどに用いられる。

貯水槽水道方式：給水タンクを使用する給水方式。

□ **高置水槽方式**：水道本管からの水を受水槽に貯水し、**揚水**ポンプで屋上などに設置した**高置水槽**に送水、そこから**重力**により給水する方式。大型マンションなどで多く用いられる。

□ **ポンプ圧送方式**：水道本管からの水を受水槽に貯水し、**加圧ポ**ンプにより直接給水する方式。高置水槽が**不要**である。

□ **給水タンク**

給水タンクの容量は、必要給水量、給水能力、使用時間などを考慮して決定する。また、給水タンクの構造体は、建築物と**兼用**しない。さらに、保守点検作業を容易に行うため、給水タンク周囲に**点検空間**を確保する必要がある。

□ ウォーターハンマー

給水配管内の水流が急に停止したとき、振動や**衝撃音**が生じる現象。配管の**曲がり**が多く、角度が**急**な場合など発生しやすくなる。**水撃防止装置**により軽減できる。

□ クロスコネクション

上水道管と他の水（井戸水・工業用水等）の管とが**直接連結**されていること。水道管への逆流を防ぐため**禁止**されている。

屋内排水管

□ **排水トラップ**：排水管の一部に水を溜め（**封水**という）、悪臭やガスが逆流し屋内へ浸入するのを防ぐ装置のこと。

□ **通気管**：排水管内の圧力を調整し、排水トラップの**破封**（封水がなくなること）を防ぐために設ける配管のこと。

例題　　　　　　　　　　　　　平成 30 年 後期 No.17 改題

　給排水設備に関する記述として、**最も不適当なもの**はどれか。
1.　水道直結直圧方式は、水道本管から分岐した水道引き込み管に増圧給水装置を直結し、建物各所に給水する方式である。
2.　中水道とは、水の有効利用を図るため、排水を回収して処理再生し、雑用水などに再利用する水道のことである。
3.　公共下水道の排水方式には、汚水と雨水を同一系統で排除する合流式と、別々の系統で排除する分流式とがある。

解答 1
解説 水道直結直圧方式は、水道本管の水圧のみを利用する。

31 屋外排水設備

▶▶
パパっとまとめ

屋内排水設備からの排水や、敷地内の屋外排水を流下させるために設ける排水管や桝で、公共桝や道路排水施設に接続するまでの設備を屋外排水設備という。

屋外排水設備計画の留意点 よく出る

☐ **排水管の勾配**：地中埋設管の勾配は原則として 1/100 以上とする。

☐ **給水管と排水管の離隔距離**：給水管と排水管の水平離隔距離は 500mm 以上とし、給水管は排水管の**上方**に設置する。

☐ **埋設深さ**：各自治体により様々であるが、敷地内においては最低でも 20cm 以上とされている場合が多い。

☐ **桝、マンホールの設置**：排水管の合流点、屈曲点、勾配の変化点、また管径、管種が変わる箇所には、桝又はマンホールを設ける。さらに、地中埋設排水管の延長が、その内径の 120 倍を超えない範囲内で桝又はマンホールを設ける。

☐ **雨水桝**：雨水とともに流れ込む土砂などを桝に溜め排水管に流入させないよう、深さ 15cm 以上の**泥だめ**を設ける。

☐ **汚水桝**：汚水や雑排水などを円滑に流下させるために、桝の底に**インバート**（排水管の形状に合わせた凹形の溝）をつくる。

☐ **施工順序**：一般に、管の埋設は**下流部**から**上流部**に向けて行うのがよい。

□ 遠心力鉄筋コンクリート管

一般的に**ヒューム管**と呼ばれる。**外圧**に対する強度に優れているが、**耐酸性**に劣る。

□ 硬質塩化ビニル管

水密性、**耐薬品性**等に優れ、**軽量**で施工性もよい。一般的に地中埋設管には VU 管（薄肉管）が用いられる。

□ 公共下水道の排水方式

汚水と雨水を同一系統で排除する**合流式**と、別々の系統で排除する**分流式**とがある。

例題

令和元年 後期 No.15

　　屋外排水設備に関する記述として、**最も不適当なもの**はどれか。
1.　地中埋設排水管の長さが、その内径又は内法幅の 120 倍を超えない範囲内で、桝又はマンホールを設ける。
2.　地中埋設排水経路に桝を設ける場合、雨水桝にはインバートを、汚水桝には泥だめを設ける。
3.　排水管を給水管に平行して埋設する場合、原則として、両配管は 500mm 以上のあきを設ける。
4.　地中埋設排水経路が合流する箇所には、桝又はマンホールを設ける。

解答 2

解説 雨水桝には土砂の流下防止として泥だめを、汚水桝には汚水等を円滑に流下させるためにインバートを設ける。

▶▶
パパっとまとめ
....
建築分野においても、設計時、施工時などに、それぞれ必要
とされる測量が行われる。測量の分類の仕方については、測
量方法による分類、目的による分類、使用機器による分類な
どがある。煩雑になるためここではその区別はせず、建築分
野で主に扱われる測量について羅列して整理する。

主な測量機器

□ **光波測距儀**：光波を用いて**距離**を測定する測量機器。

□ **セオドライト**：目標物をレンズで視準して、水平角度や鉛直角
度などの**角度**を測定する機器。一般に**トランシット**とも呼ば
れる。

□ **トータルステーション**：距離を測る光波測距儀と、角度を測る
セオドライトの機能を有し、現在、主流の測量機器となって
いる。

□ **レベル**：水平出しや高低差を測定する測量機器。通常は、**箱尺**
（スタッフ）と一緒に使用する。

□ 距離測量

2点間の距離を測る測量。**巻尺**や**光波測距儀**を使用する。最近で
は、**トータルステーション**も使用される。

□ 角測量

2辺がつくる角度を測る測量。**三角測量**や**多角測量**（トラバース
測量）などがある。**セオドライト**やトータルステーションを使用
する。

水準測量

2 点間の高低差や任意の地点の標高を求める測量である。

- [ ] **直接水準測量**：レベルや箱尺（**スタッフ**）を使用する。レベルは、本体を**水平**に設置する必要があるが、**オートレベル**を用いると自動的に水平に合わせることができ、作業の効率化を図ることができる。

- [ ] **間接水準測量**：**トータルステーション**などを用いて測定するが直接水準測量に比べて精度は落ちる。

☐ 平板測量

平板測器を用いて**現地**で地形、建物の位置などを測量し作図する方法。平板、三脚、**アリダード**、**下げ振り**などを用いる。最近では電子平板などを用いた平板測量のデジタル化も進んでいる。

☐ 用地測量

土地及び境界等について調査し、用地の取得等に必要な資料及び図面を作成する測量を**用地**測量という。

☐ GNSS 測量

人工衛星からの信号を用いて位置を決定する衛星測位システムを利用した測量をいう。**GPS 測量**もこの一つである。距離測量、角測量、水準測量などに対応が可能である。

☐ ドローン（UAV）測量

UAV（無人航空機）を利用した測量方法。空中写真測量やレーザー測量などがある。国土交通省が 2015 年に表明した**アイ・コンストラクション**（ICT（通信情報技術）の全面的な活用を建設現

場に導入することにより、建設生産システム全体の生産性向上を図り、魅力ある建設現場を目指す取組み)により、ドローン活用の動きが加速している。

平成 30 年 前期 No.15

例題

測量の種類とそれに用いる機器の組合せとして、**最も不適当なもの**はどれか。

1. 距離測量 ── 鋼巻尺
2. 角測量 ──── セオドライト
3. 平板測量 ── レベル
4. 水準測量 ── 箱尺

解答 3

解説 平板測量では、平板、三脚、アリダード、下げ振りなどを使用する。レベルは水準測量に使用する。

6

第6章

施工

建設工事における仮設工としては、墨出し・やり方とともに準備段階としての測量調査及び地盤調査、土質試験等が含まれる。

墨出し

- [ ] **墨出し**とは、工事中に必要な線や位置などを床や壁などに表示する作業で、大工さんが墨つぼを用いて墨で表示することから名前が付いたものである。
- [ ] **基準墨**：文字通り基準となる墨で、柱や壁の心の位置を示すのは、心墨（しんずみ）ともいう。
- [ ] **逃げ墨（返り墨）**：構造心や仕上げ面などから一定の距離をおいて平行に付けた墨。
- [ ] **地墨**：床面に付けた墨
- [ ] **陸墨**：水平を出すために壁面に出す墨で、天井、床仕上げ、開口部高さ等の基準となる。

やり方

- [ ] **やり方**とは、建築する位置を確認するために、基礎工事の前に建物配置・基礎位置・柱の芯、高低を表示するためのものである。
- [ ] **やり方作業**：地杭（水杭）は、根切りや基礎工事に支障がない位置に打ち込む。
- [ ] 水貫の上端は、建物の**高さ**の基準となるので、かんな掛けにより水平に取り付ける。

□ 建物偶部のやり方は「隅やり方」、それ以外では「平やり方」とする。

□ **縄張り**：設計図に基づいて地杭を打ち、縄を張りまわし、あるいは石灰で線を引き、建築物の外形を示すものである。

□ **水盛り**：建築する基準点の高さを現地で指定するもので、水準点から一定の高さを測定し、各水杭に同じ高さの水準の印をつける作業である。

地盤調査・土質試験 よく出る

□ **標準貫入試験**：重さ 63.5kg のハンマーにより、30cm 打ち込むのに要する打撃回数を N 値として表す。

□ N 値からは、砂質土における変形係数、粘性土におけるコンシステンシー、一軸圧縮強度が推定できる。

□ **平板載荷試験**：直径 30cm の載荷板に荷重をかけ、時間と沈下量の関係を求め、地盤反力係数 K で表す。

□ **スウェーデン式サウンディング**：6 種の荷重を与え、人力によるロッド回転の貫入量に対応する半回転数を測定し、支持力特性値 Wsw、Nsw で表す。装置、操作が容易で小規模建物の地盤調査に用いられる。

6

施工

例題 1

仮設工事に関する記述として、**最も不適当なもの**はどれか。

1. 建物の位置を確認するための縄張りは、配置図に従って
   ロープを張り巡らせた。

2. 鋼製巻尺は温度により伸縮するので、測定時の気温に合わ
   せて温度補正を行った。

3. 床スラブコンクリート打設時のコンクリート上端のレベル
   チェックは、レーザーレベルとばか棒を用いて行った。

4. 建物四隅の基準墨の交点を上階に移す際、2 点を下げ振り
   で移し、他の 2 点はセオドライト（トランシット）で求めた。

解答 4

解説 2 階より上では、通常建築物の四隅の床に小さな穴を開けてお
き、下げ振り等により 1 階から上階に**基準墨を上げる**、この作
業のことを墨の**引通し**という。

例題 2

やり方及び墨出しに関する記述として、**最も不適当なもの**は
どれか。

1. 地墨は、平面の位置を示すために床面に付ける墨である。

2. やり方は、建物の高低、位置、方向、心の基準を明確にす
   るために設ける。

3. 検査用鋼製巻尺は、その工事現場専用の基準の巻尺を使用
   する。

4. 陸墨は、垂直を示すために壁面に付ける墨である。

解答 4

解説 陸墨（ろくずみ）は、**水平**を出すために壁面に付ける墨で、天井、床仕上げ、
開口部高さ等の基準となる。

例題 3

地盤調査に関する記述として、**最も不適当なもの**はどれか。

1. ロータリー式ボーリングは、軟らかい地層から硬い岩盤までの地盤構成を調べることができる。

2. シンウォールサンプラーは、軟弱な粘性土の土質サンプリングに用いる。

3. スウェーデン式サウンディング試験は、密な砂層、礫層にも適用できる試験方法である。

4. ハンドオーガーボーリングは、人力でオーガーを回転圧入させ試料を採取する方法である。

解答 3

解説 スウェーデン式サウンディング試験は、人力で行うため、**軟らかい地層に適しており**、砂層、礫層にも適用できるが、密になると困難になる。

例題 4

地盤の標準貫入試験に関する記述として、**最も不適当なもの**はどれか。

1. 貫入量 100mm ごとの打撃回数を記録し、1 回の貫入量が 100mm を超えた打撃は、その貫入量を記録した。

2. 本打ちの貫入量 200mm に対する打撃回数が 30 回であったので、その深さの N 値を 30 とした。

3. 本打ちの打撃回数は、特に必要がなかったので、50 回を限度として打撃を打ち切った。

4. 本打ちは、ハンマーの落下高さを 760mm とし、自由落下させた。

解答 2

解説 標準貫入試験は、**30cm 打ち込む**のに要する打撃回数を N 値として表す。

6

施工

34 土工事・建設機械

学習 /

▶▶ パパっとまとめ

建築工事における掘削工事は、「根切り工事」といい、掘削する壁面が崩壊するおそれのあるときは、山留め工事を行う。

掘削、埋戻し、締固め等の土工事は基本的には建設機械を使用し、掘削時に生じる地下水対策も必要となる。

根切り工事 よく出る

☐ 根切りの工程

根切り墨出し → 重機搬入 → 根切り → 横矢板入れ →

残土処分 → 排水処理 → 床付け → 埋戻し

☐ **総掘り**：地下室などの場合に、建物全面を掘ることで、外型枠が必要な場合は、山留めと躯体との間は 1 m 程度とする。

☐ **つぼ掘り**：独立基礎の場合に、角型や丸形に掘ること。

☐ **布掘り**：地中梁や連続基礎の場合に、帯状に掘ることで、法尻と基礎の間は 300〜600mm 程度を見込む。

☐ **法付けオープンカット**：掘削区域の周辺に法面をとって、山留め壁や支保工なしで掘削する工法で、支保工などの障害がないので、施工効率がよい。法肩近くと法尻には側溝を設ける。

☐ **機械式掘削**：通常の床付け面より 300〜500mm の位置から手掘りにするか、バケットを平板状のものに換えて、床付け面を荒らさないように掘削する。また、乱した場合は、礫や砂質土の場合は転圧により締固める。

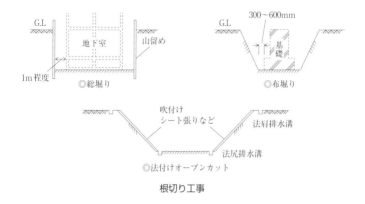

◎根切り工事

山留め工 よく出る

山留め工の種類と特徴は以下のとおりである。

☐ **鋼矢板工法**：鋼矢板を連続してかみ合わせて打設した後、内部掘削を行う方法で、深さ5m以下の地下水位の高い軟弱地盤に適している。

☐ **親杭横矢板工法**：親杭にH形鋼等を打設し、掘削に伴い横矢板を入れていく工法で、深さ5m以下の地下水位の低い良質地盤に適している。

☐ **水平切梁工法**：切梁を格子状に組み、交差部に棚杭を打設して面外座屈を防ぎ、腹起側には火打をとり、切梁間隔を広くすることが多い。

☐ **地盤アンカー工法**：切梁の代わりに背面地盤のアンカーで支えるもので、軟弱な定着層には適していない。

☐ **アイランド工法**：鋼矢板打込み後、山留め壁に接して法面を残し中央部を掘削し、構造物構築後に鋼矢板との間に切梁をかける。根切り部分が広く浅い場合に適し、切梁の長さも短くなる。

建設機械（掘削機械）

- [ ] **バックホウ**：バケットを手前に引く動作により、地盤より低い掘削に適しており、強い掘削力をもつ。

- [ ] **ショベル**：バケットを前方に押す動作により、地盤より高いところの掘削に適する。

建設機械（締固め機械）

- [ ] **ロードローラー**：静的圧力により締固めるもので、路床、路盤の締固めや盛土面の仕上げに適している。

- [ ] **タイヤローラー**：空気圧の調節により各種土質に対応可能で、接地圧を高くすると砕石の締固めに、低くすると粘性土の締固めに適する。

- [ ] **振動ローラー**：振動により締固めるもので、**粘性**に乏しい砂利、砂質土に適する。

- [ ] **振動コンパクタ**：起振機を平板上に取付けるもので、狭い場所に適する。

例題 1   平成 29 年 前期 No.38

土工事に関する記述として、**最も不適当なもの**はどれか。

1. 掘削機械による床付けにおいて、床付け面の近くでショベルの刃を平状のものに替えて行った。

2. 根切り時に、粘性土の床付け地盤を乱してしまったので、砂質土と置換して締め固めた。

3. 掘削が終了したので、床付け地盤が設計図書に示してある地層、地盤と一致していることの確認を行った。

4. 床付け面付近の掘削は、地盤を乱さないよう機械を前進させながら施工した。

解答 4   **解説** 通常の床付け面より 300〜500mm の位置からは、地盤を乱さないように**手掘り**にする。

例題2

　土工事の埋戻し及び締固めに関する記述として、**最も不適当なもの**はどれか。

1. 透水性のよい山砂を用いた埋戻しでは、水締めで締め固めた。
2. 埋戻し土は、砂に適度の礫やシルトが混入された山砂を使用した。
3. 建設発生土に水を加えて泥状化したものに固化材を加えて混練した流動化処理土を、埋戻しに使用した。
4. 動的な締固めを行うため、重量のあるロードローラーを使用した。

解答 4

解説 ロードローラーは、静的圧力により締固めるもので、動的な締固めは、振動ローラーが適している。

例題3

　根切り及び山留め工法に関する一般的な記述として、**最も不適当なもの**はどれか。

1. 法付けオープンカット工法は、山留め支保工が不要であり、地下躯体の施工性がよい。
2. 水平切梁工法は、敷地に大きな高低差がある場合には適していない。
3. トレンチカット工法は、根切りする部分が狭い場合に適している。
4. アイランド工法は、根切りする部分が広く浅い場合に適している。

解答 3

解説 トレンチカット工法とは**広い**面積の基礎工事に用いられる**根切り工法**の一つである。地下構造物の外周部の躯体を先行して構築し、それを山留めとして内部を掘削する工法である。

6
施工

パパっとまとめ

地業工事とは、いわゆる「基礎工事」のことであり、杭地業とともに直接基礎となる砂地業、砂利地業及び捨てコンクリート地業がある。

□ 砂地業

砂地業には、締固めに適した**粒度**分布のよい山砂、川砂又は砕砂を使用し、シルトなどの**泥分**が多量に混入しているもの、泥やごみを含んだものは使用しない。

□ 砂利地業

砂利地業に用いる砂利は、再生クラッシャラン、切込砂利または切込砕石を使用し、粒径がそろった砂利より、締固めに適した**粒径**のそろっていない砂混じりの方がよい。締固め後の地業の表面が所定の高さになるように、あらかじめ**沈下**量を見込んでおく。

□ 捨てコンクリート地業

捨てコンクリートの上に基礎や柱位置の墨出しを行い建物位置を決めたり、掘削底面の安定化や、基礎スラブ、基礎梁のコンクリートの**流出**あるいは**脱水**を防ぐために、粗雑にはせず一般のコンクリートと同様に施工する。

□ 床下防湿層

地面から上がってくる**湿気**の浸入を防ぎ、家の耐久性を高めるもので、**土間スラブ**（**土間コンクリート**）の直下に、防湿コンクリート層、防湿フィルムを設ける。

地業工事に関する記述として、**最も不適当なもの**はどれか。

1. 砂地業に用いる砂は、締固めが困難にならないように、シルトなどの泥分が多量に混入したものを避ける。

2. 砂利地業に用いる再生クラッシャランは、コンクリート塊を破砕したものであり、品質のばらつきが少ない。

3. 砂利地業において層厚が厚い場合の締固めは、2 層以上に分けて行う。

4. 捨てコンクリート地業は、掘削底面の安定化や、基礎スラブ及び基礎梁のコンクリートの流出等を防ぐために行う。

解答 2

解説 再生クラッシャランは、粒径がそろった砂利より、粒径のそろっていないバラツキのある砂利の方が締固めに適している。

地業工事に関する記述として、**最も不適当なもの**はどれか。

1. 床付け地盤が堅固で良質な場合には、地盤上に捨てコンクリートを直接打設することができる。

2. 砂利地業では、締固め後の地業の表面が所定の高さになるよう、あらかじめ沈下量を見込んでおく。

3. 土間コンクリートに設ける防湿層のポリエチレンフィルムは、砂利地業の直下に敷き込む。

4. 砂利地業に使用する砂利は、粒径のそろった砂利よりも砂が混じった切込砂利などを用いる。

解答 3

解説 防湿フィルムは、地面から上がってくる湿気の浸入を防ぎ、家の耐久性を高めるもので、**土間スラブ（土間コンクリート）**の直下に設ける。

6
施工

▶▶▶ **パパっとまとめ**

場所打ち杭の種類としては、リバース工法、アースドリル工法、オールケーシング工法、深礎工法の4種類に代表される。

場所打ち杭における掘削・排土方法及び孔壁保護工法

☐ **リバース工法**：回転ビットにより土砂を掘削し、孔内水（泥水）を逆循環（リバース）する方式である。外水位＋2m以上の孔内水位を保つことにより孔壁を保護する。

☐ **アースドリル工法**：回転バケットにより土砂を掘削し、バケット内部の土砂を地上に排出する。**安定液**によって**孔壁**を保護する。

☐ **オールケーシング工法**：チュービング装置によるケーシングチューブの揺動圧入とハンマグラブなどにより行う。掘削孔全長にわたる**ケーシングチューブ**と**孔内水**により、孔壁を保護する。

☐ **深礎工法**：掘削全長にわたる**山留め**を行いながら、主として人力により掘削する。ライナープレートや波形鉄板等の**山留め**材を用いて保護する。

既製杭の打設工法及び特徴

□ **打撃工法**：ドロップハンマ、ディーゼルハンマにより直接打撃
する工法で、騒音、振動が発生するが、**支持力**確認は容易で
ある。

□ **中掘り工法（根固め工法）**：杭の中空部にオーガーを入れ、先端
部を掘削しながら杭中空部から排出し、**支持**地盤へ圧入する。
（根固め工法は、圧入後に杭先端部に根固め液を注入する。）

□ **プレボーリング工法（セメントミルク工法）**：掘削機械により
先行してボーリングを行い、**既製杭**を建込み、最後に打撃ある
いは圧入を行い、**根固め**を行う。アースオーガーヘッドは、杭
径＋ 10mm 程度のものを使用する。

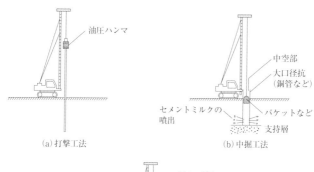

（a）打撃工法　　　　　　　　　（b）中掘工法

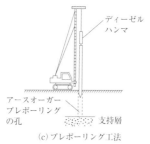

（c）プレボーリング工法

既製杭

例題 1

　場所打ちコンクリート杭のアースドリル工法に関する記述として、**最も不適当な**ものはどれか。

1.　鉄筋かごのかぶり厚さを確保するためのスペーサーは、D13 の鉄筋を用いた。

2.　コンクリートのスランプは、トレミー管を通じて打ち込むため 18cm とした。

3.　杭頭の余盛りの高さは、スライムなどが混入するおそれがあるため 100cm とした。

4.　孔壁内面と鉄筋かごの最外側の鉄筋との間隔は、かぶり厚さを確保するため 10cm とした。

解答　1

解説　場所打ちコンクリート杭におけるスペーサーは鉄筋のかぶりを確保するためのもので、アースドリル工法とリバース工法では鉄筋ではなく、**平鋼**を用いる。

例題 2

　場所打ちコンクリート杭工事に関する記述として、**最も不適当な**ものはどれか。

1.　組立てた鉄筋かご相互の主筋の接続は、原則として圧接継手とする。

2.　孔内水中でコンクリートを打ち込む場合、打込み開始時にプランジャーをトレミー管にセットしてコンクリートを打ち込む。

3.　アースドリル工法における鉄筋かごのスペーサーは、平鋼を用いる。

4.　コンクリート打込み後、杭上部に掘削孔が残る場合は、杭のコンクリートが初期硬化した後、良質土で埋戻しを行う。

解答　1

解説　鉄筋かご相互の主筋の接続は、原則として**重ね継手**とする。

例題 3

　既製コンクリート杭工事に関する記述として、**最も不適当な**ものはどれか。
1.　中掘り根固め工法は、杭の中空部に挿入したアースオーガーで掘削しながら杭を設置した後、根固め液を注入する工法である。
2.　セメントミルク工法は、あらかじめ掘削した孔に杭を挿入後、根固め液を注入する工法である。
3.　プレボーリング工法で掘削中の孔壁の崩壊を防ぐための安定液として、一般的にベントナイト泥水が用いられる。
4.　基礎コンクリートの打設時に、コンクリートが杭の中空部に落下しないように杭頭をふさいでおく。

解答 2

解説 セメントミルク工法は、あらかじめ掘削した孔に杭を挿入後、最後に打撃あるいは圧入を行い、根固め液を注入する工法である。

例題 4

　既製コンクリート杭工事に関する記述として、**最も不適当な**ものはどれか。
1.　打撃工法において、先端が開放形の杭を使用すれば、打撃によりウォーターハンマー現象が生じることがない。
2.　中掘り工法は、先端地盤を掘削しながら機械装置の自重を反力として、杭の圧入を行う。
3.　セメントミルク工法において、支持地盤への到達の確認は、アースオーガーの駆動用電動機の電流値の変化により行う。
4.　セメントミルク工法において、既製杭の建込は、最後に杭を軽打または圧入する。

解答 1

解説 先端が開放形の杭を使用すると、打撃によりウォーターハンマー現象が生じる。

6

施工

▶▶
パパっとまとめ

鉄筋コンクリート工事においては、鉄筋の加工・組立、継手・定着、かぶり、ガス圧接が重要なポイントとなる。

鉄筋の加工 よく出る

- □ 鉄筋の加工は**常**温で正しく加工し、鉄筋加工図に示された外側寸法で加工するものとする。

- □ 鉄筋の切断は**シャーカッター**あるいは**電動**カッターで行う。

- □ 以下の部分に使用する異形鉄筋の末端部には、フックを設ける。①柱の四隅にある主筋で、**重ね**継手の場合及び最上階の**柱頭**にある場合。②梁主筋の重ね継手が、梁の**出隅**及び**下端**の両端にある場合（基礎梁を除く）。③煙突の鉄筋。④杭基礎のベース筋。⑤**帯**筋、**あばら**筋及び幅止め筋。

鉄筋の組立 よく出る

- □ 鉄筋の組立は、鉄筋継手部分及び交差部の要所を径 0.8mm以上の鉄線で結束し、適切な位置に**スペーサー**、吊金物等を使用して行うものとし、点付け溶接を行わない。

- □ **スラブ**筋に用いるスペーサーは、鋼製あるいはコンクリート製を使用し、梁、柱、基礎梁、壁、地下外壁側面の場合には、プラスチック製を使用してよい。

- □ 鋼製のスペーサーは、型枠に接する部分に**防錆**処理を行う。

異形鉄筋の加工に関する記述として、**最も不適当なものはど**れか。

1. 鉄筋の加工寸法の表示及び計測は、突当て長さ（外側寸法）を用いて行う。
2. 鉄筋の種類と径が同じ帯筋とあばら筋は、折曲げ内法直径の最小値は同じである。
3. 壁の開口部補強筋の末端部には、フックを付けなければならない。
4. 鉄筋の折曲げ加工は、常温で行う。

解答 3

解説 丸鋼、あばら筋及び帯筋、柱及び梁の出隅、煙突等の末端部には必ずフックを付ける必要があるが、壁の開口部補強筋の末端部にはこの限りではない。

例題2

鉄筋の加工及び組立てに関する記述として、**最も不適当なもの**はどれか。

1. 鉄筋の種類と径が同じ帯筋とあばら筋は、折曲げ内法直径の最小値は同じである。
2. 大梁の幅止め筋は、組立て用鉄筋であるが、かぶり厚さを確保できるよう加工する。
3. 鉄筋の折曲げ加工は、常温で行う。
4. 鉄筋相互のあきの最小寸法は、鉄筋の強度によって決まる。

解答 4

解説 鉄筋相互のあきは粗骨材の最大寸法の 1.25 倍、かつ 25mm以上、呼び名径の 1.5 倍以上のすべての条件を満たす必要がある。強度には関係ない。

6

施工

▶▶ パパっとまとめ

鉄筋の継手の種類は、**重ね継手**、**ガス圧接継手**及び特殊な継手とする。

重ね継手の長さ

☐ 径の異なる**鉄筋の継手**は、細い方の継手長さとする。

☐ D35以上の鉄筋は、重ね継手とせず一般に**圧接継手**とする。

☐ 一般に下端筋、上端筋とも同じとし、次表による。

重ね継手の長さ

鉄筋の種類	コンクリートの設計基準強度 F_c 〔N/mm²〕	L_1 （フックなし）	L_{1h} （フックあり）
SD295A SD295B	18	45d	35d
	21	40d	30d
	24　27	35d	25d
	30　33　36	35d	25d
SD345	18	50d	35d
	21	45d	30d
	24　27	40d	30d
	30　33　36	35d	25d
SD390	21	50d	35d
	24　27	45d	35d
	30　33　36	40d	30d

(注)　1. L_1、L_{1h}：重ね継手の長さ及びフックあり重ね継手の長さ。
　　　2. フックありの場合の L_{1h} は、フック部分 l を含まない。
　　　3. 軽量コンクリートの場合は、表の値に $5d$ を加えたものとする。

継手の定着 よく出る

☐ 梁の鉄筋の定着は、柱の**中心線**を越えて上向き、又は下向きに定着する。

□D29 以上の鉄筋定着長さの許容量は±20mm、重ね継手は±20mm 以内とする。

異形鉄筋の継手及び定着に関する記述として、**最も不適当なもの**はどれか。

1. 直線重ね継手の長さは、同じ径であっても、鉄筋の種類によって異なる場合がある。
2. フック付き重ね継手の長さは、フックの折曲げ角度によって異なる。
3. 小梁の主筋の定着長さは、上端筋の方を下端筋より長くする。
4. 帯筋に用いる D13 の鉄筋を現場で溶接継手とする場合は、フレア溶接とする。

解答 2　**解説** 重ね継手の長さは、フックのあり、なしによって異なり、フックの折曲げ角度とは関係ない。

異形鉄筋の継手に関する記述として、**最も不適当なもの**はどれか。

1. 小梁の主筋の重ね継手は、上下重ね、水平重ねのいずれでもよい。
2. 壁縦筋の配筋間隔が上下階で異なる場合に、鉄筋を折り曲げずにあき重ね継手としてもよい。
3. 基礎梁上端筋の継手の位置は、耐圧スラブの有無にかかわらず梁中央とする。
4. 径の異なる鉄筋の重ね継手長さは、細い方の鉄筋の呼び名の数値によって算出する。

解答 3　**解説** 耐圧スラブが付く基礎梁の上端筋の重ね継手の位置は、梁の両端より梁の内法長さの 1/4 以内の範囲とする。

6
施工

▶▶ パパっとまとめ

鉄筋のかぶりとは、コンクリート表面と鉄筋の表面の最小
距離として示し、鉄筋の耐火、防食及び耐力保護のために、
最小限のかぶりが各種基準により定められている。

かぶり厚さ　よく出る

□ 鉄筋及び溶接金網の**最小かぶり厚さ**は、下表による。

かぶり厚さ

構造部分の種別				最小かぶり厚さ〔mm〕
土に接しない部分	スラブ、耐力壁以外の壁	仕上げあり		20
		仕上げなし		30
	柱、梁、耐力壁	屋内	仕上げあり	30
			仕上げなし	30
		屋外	仕上げあり	30
			仕上げなし	40
	擁壁、耐圧スラブ			40
土に接する部	柱、梁、スラブ、壁			40
	基礎、擁壁、耐圧スラブ			60
煙突など高熱を受ける部分				60

□ 柱及び梁の主筋に D29 以上を使用する場合は、径の **1.5** 倍
以上を確保する。

□ 外壁の目地部分のかぶり厚さは、**目地底**から**鉄筋**表面までの距
離とする。

□ 柱の鉄筋の最小かぶり厚さは、柱主筋を包んでいる**帯筋**の外側
からの距離とする。

例題 1

鉄筋のかぶり厚さに関する記述として、**最も不適当なもの**はどれか。ただし、計画供用期間を指定する場合の級は標準とする。

1. 鉄筋の加工及び組立に用いるかぶり厚さは、最小かぶり厚さの値に 10mm を加えた値とする。
2. 屋外において、耐久性上有効な仕上げを施す場合、柱の最小かぶり厚さは、仕上げを施さない場合の値から 10mm を減じる値としてもよい。
3. 屋外において、耐久性上有効な仕上げを施す場合、耐力壁と非耐力壁の最小かぶり厚さの値は同じである。
4. 土に接するスラブにおける最小かぶり厚さには、捨コンクリートの厚さを含めない。

解答 3

解説 屋外において、耐久性上有効な仕上げを施す場合、耐力壁の最小かぶり厚さは 30mm、非耐力壁の最小かぶり厚さは 20mm となり異なる。

例題 2

鉄筋のかぶり厚さに関する記述として、**最も不適当なもの**はどれか。

1. かぶり厚さの確保には、火災時に鉄筋の強度低下を防止するなどの目的がある。
2. 外壁の目地部分のかぶり厚さは、目地底から確保する。
3. 設計かぶり厚さは、最小かぶり厚さに施工精度に応じた割増しを加えたものである。
4. 柱の最小かぶり厚さは、柱主筋の外側表面から確保する。

解答 4

解説 柱の鉄筋の最小かぶり厚さは、柱主筋を包んでいる**帯筋**の外側からの距離とする。

6

施工

40 鉄筋のガス圧接

▶▶
> パパっとまとめ
> 鉄筋のガス圧接は、鉄筋の末端どうしをガスバーナーで加
> 熱し、圧力を加えて一体化する方法である。圧接作業には有
> 資格者が携わり、品質が定められている。

☐ 技能資格者

1～4種までの技能有資格者で、**資格種別**、**鉄筋種類**、**鉄筋径**によ
り区分される。

圧接部の品質

☐ **ふくらみ**の直径は鉄筋径の1.4倍以上、ふくらみの長さは
1.1倍以上とする。

☐ **圧接面のずれ**は、鉄筋径の1/4以下とする。

☐ 鉄筋中心軸の**偏心量**は、鉄筋径の1/5以下とする。

☐ 折れ曲がり、片**ふくらみ**、焼割れ、**へこみ**、垂下り及び内部欠
陥がないこと。

圧接作業

☐ グラインダー等で**平滑**に仕上げ、**面取り**を行う。

☐ 鉄筋の種類、形状が異なる場合及び径の差が5mmを超える
場合は**圧接**をしない。

☐ 鉄筋の突合せ面は、**すき間**を3mm以下にして密着させる。

圧接完了試験

□ ふくらみの形状及び寸法、ずれ、折れ曲がり等の欠陥の有無は**外観**試験による。

□ 抜取試験は**超音波**試験又は**引張り**試験とする。

□ 不合格となった圧接部の修正は、再**加熱**あるいは再**圧接**とする。

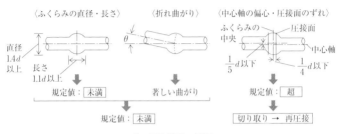

〈ふくらみの直径・長さ〉　〈折れ曲がり〉　〈中心軸の偏心・圧接面のずれ〉

直径
1.4d
以上

長さ
1.1d以上

規定値： 未満 　　　著しい曲がり

規定値： 未満

ふくらみの
中央

圧接面

$\frac{1}{5}d$以下　　$\frac{1}{4}d$以下

中心軸

規定値： 超

切り取り → 再圧接

ガス圧接継手の外観

例題

　鉄筋のガス圧接に関する記述として、**最も不適当なもの**はどれか。

1. 隣接する鉄筋の圧接位置を、400mm ずらした。

2. 鉄筋の圧接端面から 100mm 程度の範囲にセメントペーストが付着していたため、圧接端面を加工する前に除去した。

3. 同じ種類の鉄筋であったが、呼び名の差が 7mm を超えていたため、圧接継手としなかった。

4. 鉄筋に圧接器を取り付けて突き合わせたときの圧接端面間のすき間は、4mm とした。

解答 4

解説 鉄筋の突合せ面は、すき間を 3mm 以下にして密着させる。

▶▶

> パパっとまとめ
>
> 型枠工事は、鉄筋で造った構造物の骨組みに型枠を組立てる工事である。この型枠の中にコンクリートを流し込み、固まった後に型枠を取り外せば構造物が出来上がる。

型枠の加工・組立 よく出る

□ **せき板**は、支障のない限り再使用する。

□ 横に長い開口部には、確認するための**穴**を設ける。

□ 地盤上に支柱を立てる場合は、剛性のある敷板を敷いて**沈下**を防ぐ。

□ 型枠間の距離を一定に保つために、**セパレーター**を用いる。

□ **柱型枠**には、清掃用の掃除口を設け、足元が移動しないように、桟木で四方を根巻きする。

□ **建入れ**調整は、梁、壁、床の組立て前に行う。

□ **床型枠**では、サポート、大引き及び根太を配置した後に合板を敷き込む。

型枠の取外し

□ せき板の**最小存置期間**は、コンクリートの圧縮強度による場合、圧縮強度が $5N/mm^2$ 以上となるまでとする。

□ 支柱の存置期間は、コンクリートの圧縮強度による場合、梁下は圧縮強度が設計基準強度以上となるまでとし、スラブ下は圧縮強度が設計基準強度の **85**％又は $12N/mm^2$ 以上となるまでとする。

□ せき板、支柱ともにコンクリートの材齢による**最小存置期間**は、それぞれの平均気温、セメントの種類に定められている。

例題 1

型枠工事に関する記述として、**最も不適当なもの**はどれか。

1. 埋込み金物やボックス類は、コンクリートの打込み時に移動しないように、せき板に堅固に取り付けた。

2. 梁の側型枠の寸法はスラブ下の梁せいとし、取り付く底型枠の寸法は梁幅で加工した。

3. 柱型枠は、梁型枠や壁型枠を取り付ける前にチェーンなどで控えを取り、変形しないようにした。

4. コンクリート面に直接塗装仕上げを行うので、コーン付きセパレーターを使用した。

解答 2

解説 通常、梁の側壁型枠は梁底型枠で受けるので、梁幅＋側壁型枠の構成材×2（両方にある場合）以上とする。

例題 2

型枠の存置に関する記述として、**最も不適当なもの**はどれか。

1. せき板を取り外すことができるコンクリートの圧縮強度は、梁下と梁側とでは同じである。

2. 柱と壁のせき板の最小存置期間は、コンクリートの材齢により定める場合、同じである。

3. 梁下の支柱の最小存置期間は、コンクリートの材齢により定める場合、28 日である。

4. 柱のせき板を取り外すことができるコンクリートの圧縮強度は、5N/mm² 以上である。

解答 1

解説 せき板を取り外すことができるコンクリートの圧縮強度は、梁下の場合、設計基準強度の 50%以上、梁側の場合、5N/mm² 以上であり、梁下と梁側とでは異なる。

6

施工

42 型枠支保工

学習 /

▶▶ パパっとまとめ

型枠の形状を安定して維持するために、型枠の外側に支柱を設置する場合があり、この支柱を型枠支保工という。

型枠支保工の組立・取外し よく出る

☐ **パイプサポート**を支柱として用いる場合は、3本以上継いで用いない。

☐ 支柱の高さが3.5mを超えるときは、**2m**以内ごとに水平つなぎを2方向に設ける。

☐ 支柱の脚部の滑動防止のために**根がらみ**を設ける。また、鋼管枠を支柱とする場合は、交差筋かい及び水平つなぎを設ける。

☐ スラブ下及び梁下の**せき板**は支柱を取り外した後に取り外す。

☐ 型枠及び型枠支保工の組立解体を担当する事業者は、有資格者のうちから「型枠支保工の組立等作業主任者」を選任し、作業の**直接**指導を行わせる。

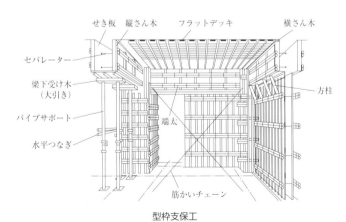

型枠支保工

単管支柱

□ 支柱の継手は、**突合せ継手**か**差込み継手**とする。

□ 単管はボルト又は**クランプ**で緊結する。

□ 組立図は支柱、梁、つなぎ、筋かいに**寸法**を記入する。

例題1

型枠の支保工に関する記述として、**最も不適当なもの**はどれか。

1. 開口部がない壁が梁の幅方向の中央に付いていたので、梁の支柱をせき板と同時に取り外した。

2. パイプサポートの頭部及び脚部は、大引及び敷板に釘で固定した。

3. 地盤上に直接支柱を立てるため、支柱の下に剛性のある敷板を敷いた。

4. パイプサポートに水平つなぎを設けるため、番線を用いて緊結した。

解答 4　　**解説** パイプサポートに水平つなぎを設けるときは、ボルト又はクランプで緊結する。

例題2

型枠支保工に関する記述として、**最も不適当なもの**はどれか。

1. 支柱にパイプサポートを使用する場合、継手は差込み継手としてはならない。

2. 支柱にパイプサポートを使用する場合、パイプサポートを3以上継いで用いてはならない。

3. 柱、壁及び梁側型枠のせき板を保持する場合、支保工は一般に内端太及び外端太により構成する。

4. 軽量型支保梁を受ける梁型枠の支柱にパイプサポートを使用する場合、パイプサポートは2列に設ける。

解答 1　　**解説** 支柱にパイプサポートを使用する場合の継手は、**突合せ継手**か**差込み**継手とする。

6

施工

43 コンクリートの調合・製造・骨材

学習 /

> ▶▶ パパっとまとめ
> コンクリートの材料としては、セメント、骨材、水、混和材料からなり、セメントの種類は、ポルトランドセメント及び混合セメントがある。

コンクリートの調合・製造 よく出る

- [ ] 強度、耐久性、水密性を確保するには、**水セメント比**を小さくする。
- [ ] **単位セメント量**が小さいと、ひび割れは少なくなる。(最小値は 270kg/m^3)
- [ ] **単位水量**は品質が得られる範囲内で、できるだけ小さくする。(最大値は 185kg/m^3)
- [ ] **細骨材率**は品質が得られる範囲内で、できるだけ小さくする。
- [ ] **粗骨材**の最大寸法は品質が得られる範囲内で、できるだけ大きくする。
- [ ] **混合セメント**とは、高炉セメント、シリカセメント、フライアッシュセメントの総称である。

レディーミクストコンクリートの受入検査 よく出る

- [ ] **荷卸し地点**における受入検査項目及びその合格基準は下記のとおりである。
- [ ] **強度**：1 回の試験結果は、呼び強度の強度値の 85%以上で、かつ 3 回の試験結果の平均値は、呼び強度の強度値以上とする。
- [ ] **空気量**：普通コンクリートの場合、4.5 ± 1.5%とする。
- [ ] **スランプ**：8〜18cm の場合± 2.5cm とする。
- [ ] **塩化物含有量**：塩化物イオン量として 0.30kg/m^3 以下とする（承認を受けた場合は 0.60kg/m^3 以下とできる）。

例題 1

コンクリートの調合に関する記述として、**最も不適当なもの**はどれか。

1. 細骨材率が小さすぎると、所定のスランプを得るための単位水量を多く必要とする。
2. 高強度コンクリートには、高性能 AE 減水剤を使用するのが有効である。
3. 単位セメント量が少なすぎると、コンクリートのワーカビリティーが悪くなる。
4. 川砂利と砕石は、それぞれが所定の品質を満足していれば、混合して使用してもよい。

解答 1

解説 細骨材率が大きすぎる場合に、所定のスランプを得るための単位水量及び単位セメント量が大きくなる。

例題 2

レディーミクストコンクリートの受入時の試験に関する記述として、**最も不適当なもの**はどれか。

1. 圧縮強度の試験は、コンクリート打込み日ごと、打込み工区ごと、かつ、150m³ 以下の単位ごとに行った。
2. スランプ試験は、1cm 単位で測定した。
3. 粗骨材の最大寸法が 20mm の高流動コンクリートは、スランプフロー試験を行った。
4. 普通コンクリートの空気量の許容差は、± 1.5%とした。

解答 2

解説 スランプ試験は、0.5cm 単位で測定する。

6
施工

44 コンクリートの施工（運搬・打設・締固め・養生）

> パパっとまとめ
> コンクリートの施工とは、施工現場までと施工現場内の運搬から、打設、締固め及び養生までをいう。

運搬

- [ ] 運搬機器としては、**コンクリートポンプ**、**バケット**、**シュート**、手押し車等によるものがあり、施工条件により選定する。
- [ ] コンクリートの圧送に先立ち、富調合のモルタルを圧送する。

打設 よく出る

- [ ] 練混ぜから打込み終了までの時間は、外気温が 25℃以下の場合は **120** 分、25℃を超える場合は **90** 分とする。
- [ ] 打継ぎは、梁及びスラブの場合は、スパンの**中央**付近に、柱及び壁の場合は、基礎の**上端**に設ける。
- [ ] 1 区画内では連続して打込む。
- [ ] 壁及び柱のコンクリートの沈みが落ち着いた後に、**梁**を打込み、梁のコンクリートが落ち着いた後に、**スラブ**を打込む。
- [ ] コールドジョイントを発生させないために、**打重ね**時間間隔の限度内で連続して打込む。

締固め よく出る

- [ ] **内部振動機**は、打込み各層ごとに用い、その下層に振動機の先端が入るように、ほぼ垂直に挿入する。
- [ ] 挿入間隔は **60**cm 以下とし、加振はコンクリートの上面にペーストが浮くまでとする。
- [ ] 引抜くときはコンクリートに**穴**を残さないように徐々に引抜く。

養生 よく出る

☐ コンクリート打込み中及び打込み後5日間は乾燥、振動等によって凝結及び硬化が妨げられないようにする。

☐ 寒冷期においては、打込み後5日間以上（早強ポルトランドセメントの場合は3日間以上）は、コンクリート温度を2℃以上に保つ。

☐ 湿潤養生における養生期間は、セメント種類により下表によるが、一定の圧縮強度が確認されたら、打ち切ってよい。

☐ 各種セメントの養生期間

セメントの種類	養生期間
早強ポルトランドセメント	3日以上
普通ポルトランドセメント	5日以上
混合セメント	7日以上

例題

令和元年 後期 No.22

コンクリートの養生に関する記述として、**最も不適当なもの**はどれか。

1. 湿潤養生期間の終了前であっても、コンクリートの圧縮強度が所定の値を満足すれば、せき板を取り外すことができる。

2. 打込み後のコンクリートが透水性の小さいせき板で保護されている場合は、湿潤養生と考えてよい。

3. 早強ポルトランドセメントを用いたコンクリートの材齢による湿潤養生期間は、普通ポルトランドセメントより短くできる。

4. 寒中コンクリート工事における加熱養生中は、コンクリートの湿潤養生を行わない。

解答 4

解説 寒中コンクリート工事における加熱養生中は、コンクリートが乾燥しないように、散水を行うなどの<u>湿潤養生</u>を行う必要がある。

6

施工

119

> ▶▶ パパっとまとめ
>
> 鉄骨工事に使用される鉄骨の加工（工作）は、通常、鉄骨製作工場で行われる。工作図、現寸図、型板、定規等により正確に製作する。工事現場への搬入に当たり、養生を行う。

☐ テープ合わせ

鉄骨製作用の鋼製巻尺は、JIS の 1 級品とし、工場製作用基準鋼製巻尺と工事現場用鋼製巻尺の**テープ合わせ**を行う。

☐ けがきの留意点 よく出る

490N/mm^2 級以上の高張力鋼や曲げ加工される軟鋼の**外側**等には、たがね、ポンチ等による**打こん**を残さない。また、けがき寸法は、収縮、変形及び**仕上げ代**を考慮した値とする。

切断 よく出る

☐ **ガス切断**：ガス切断を行う場合は、原則、**自動ガス**切断とする。

☐ **せん断切断**：厚さ 13mm 以下の鋼板は、**せん断**による切断ができる。ただし、主要部材の自由端及び溶接接合部には、せん断縁を使用してはいけない。

☐ **レーザー切断**：厚さ 25mm 以下の鋼板は、**レーザー**切断とすることができる。

曲げ加工

☐ **加熱曲げ加工** よく出る ：赤熱状態（850〜900℃）で行い、青熱ぜい性域（200〜400℃）で行ってはならない。

ひずみの矯正

☐ **加熱による矯正** よく出る ：400N/mm²、490N/mm²級
鋼を加熱で矯正する場合は下記を標準とする。

「加熱後空冷する場合」850〜900℃まで局部加熱。

「加熱後直ちに水冷する場合」600〜650℃まで局部加熱

孔あけ よく出る

☐ **高力ボルト用**：孔あけ加工は、**ドリル孔**あけを原則とする。接
合面をブラスト処理（小さな粒状の研磨材などを噴射して摩擦
面をつくる処理）する場合は、ブラスト前に行う。

☐ **普通ボルト用・アンカーボルト用・鉄筋貫通孔等**：原則ドリル
孔あけだが板厚13mm以下のときは**せん断孔あけ**でもよい。

☐ **設備貫通孔等**：ドリル孔あけ、レーザー孔あけとするが、孔径30
mm以上の場合は、**ガス孔あけ、プラズマ孔あけ**としてもよい。

☐ **孔径**：標準は以下のとおりとし、原則、呼び径＋余裕幅とする。

（高力ボルト：呼び径27mm未満） 呼び径＋2.0mm

（高力ボルト：呼び径27mm以上） 呼び径＋3.0mm

（普通ボルト、アンカーボルト） 呼び径＋0.5mm

例題

平成30年 前期 No.23 改題

　鉄骨の加工に関する記述として、**最も不適当なもの**はどれか。

1.　板厚20mmの鋼板の切断を、レーザー切断法で行った。

2.　400N/mm²級鋼材のひずみの矯正は、850〜900℃に局部加
熱して行った後に空冷した。

3.　鋼材の加熱曲げ加工は、200〜400℃に加熱して行った。

解答 3

解説 加熱曲げ加工は、850℃〜900℃で行う。

▶▶
> パパっとまとめ
> 建方とは、搬入された鉄骨部材を現場で組立てる作業である。組立順序や仮設などの検討を行い、本接合が完了するまで風荷重、自重その他の荷重に対して安全を確保する必要がある。

仮ボルト よく出る

□ 仮ボルトの本数は、以下に示す**最低本数**を確保した上で、想定される外力等を考慮して決定する。仮ボルトは、**本接合**のボルトとして用いてはならない。

□ **高力ボルト接合部の仮ボルト**：本接合のボルトと同軸径の**普通ボルト**等を使用し、締付け本数は、1群のボルト数の1/3程度かつ2本以上とする。

□ **混用接合又は併用継手部の仮ボルト**：高力ボルトと溶接を併用する混用接合又は併用継手では、本接合のボルトと同軸径の**普通ボルト**等を使用し、締付け本数は1群のボルト数の1/2程度かつ2本以上とする。

□ **溶接接合部の仮ボルト**：エレクションピース（鉄骨柱の建方の際、溶接接合する柱を仮固定するためのもの）等の仮ボルトは、**高力ボルト**を使用し、**全数**を締め付ける。

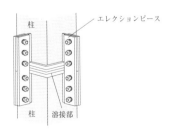

建入れ直し よく出る

☐ 本接合に先立ち、構造部材が所定の精度に納まるよう位置や角度を調整する。面積が広くスパン数が多い場合などは、**工区分けして行う。建入れ直し後は、速やか**に本締めを行う。

☐ **ワイヤロープを用いた建入れ直し**：工場製作時に取り付けた専用の取付用部材（ピース）を使用し、ワイヤロープを**たすき掛け**に張り、ワイヤを緊張して調整する。**倒壊防止**用に設置するワイヤロープを兼用してもよい。

☐ **建入れ調整治具による建入れ直し**：機械式あるいは**油圧式**の建入れ調整治具を使用する方法。

☐ **筋かいを用いた建入れ直しの禁止**：ターンバックル付き**筋かい**を用いて、建入れ直しを行ってはならない。

建方精度の測定

☐ **測定時間**：日照などによる**温度**の影響が少なくなるような時刻（早朝など）に測定する。

☐ **測定機器**：鋼製巻尺、セオドライト（トランシット）、**下げ振り**などが用いられる。

☐ **測定機器の調整**：工事期間中の気候変動などに応じて、測定機器の**温度補正**を行う。

その他の留意点

☐ **かいしゃくロープ**：長い部材などを揚重する場合は、**回転防止**などのため、**かいしゃくロープ**を用いる。

☐ 溶融亜鉛めっき部材は、建入れ直しの際、**めっき面**に傷がつかないように養生を行う。

□ **ドリフトピン**：接合部材のボルト孔が**ずれている**場合に使用する鋼製ピン。ボルト孔に**叩き込んで**部材を引き寄せ、ドリフトピンを抜いてからボルト締めを行う。

□ **リーマ掛け**：組立時に生じた板間の **2mm** 以下の高力ボルト孔の**食違い**は、リーマ掛けにより修正してもよい。また、0.5mm を超えた普通ボルト孔の食違いの場合は、リーマ掛けによらず、**スプライスプレート**（第2章10鉄骨工事（2）部材　参照）を交換する。

アンカーボルト

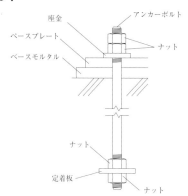

□ **心出し**：アンカーボルトの心出しは、型板を用いて基準墨に正しく合わせ、正確に行う。

□ **二重ナット**：アンカーボルトは、二重ナット及び座金を用い、ねじがナットの外に **3** 山以上出るようにする。ただし、コンクリートに**埋め込まれる**場合は、二重ナットとしなくてもよい。

□ **ねじ部の養生**：アンカーボルトのねじ部は、損傷、錆の発生、汚損、コンクリートの付着等を防止するために、布、ビニルテープ等を巻いて**養生**を行う。

- [ ] **台直し**：台直しは、アンカーボルトの位置に**ずれ**が生じたときに、アンカーボルトを曲げて位置を修正するものである。**建方用アンカーボルト**に限り基準値内で台直しが可能であるが、**構造用アンカーボルトの台直しは原則禁止**である。

- [ ] **ベースプレートのボルト孔の位置にずれが生じた場合**：ベースプレートのボルト孔を**開け直し**、ベースプレートは補強する。

- [ ] **ナットの締付け**：アンカーボルトのナットは、特記のない場合は、**ナット回転法**で行い、各アンカーボルトの張力が**均等**になるように行う。

- [ ] **ベースプレート**：通常、ベースプレートの支持工法は**後詰め中心塗り**工法とし、使用するモルタルは、**無収縮**モルタルとする。

例題　　　　　　　　　　　　　　　　　　　　令和元年 後期 No.23

鉄骨の建方に関する記述として、**最も不適当なもの**はどれか。

1. 溶接継手のエレクションピースに使用する仮ボルトは、高力ボルトを用いて全数締め付けた。
2. ターンバックル付き筋かいを有する鉄骨構造物は、その筋かいを用いて建入れ直しを行った。
3. 柱現場溶接接合部に建入れ及び食違い調整機能の付いた治具を使用したため、ワイヤロープを用いず、建入れ直しを行った。
4. 建方精度の測定は、温度の影響を避けるため、早朝の一定時間に実施した。

解答　2

解説　ターンバックル付き筋かいを有している鉄骨構造物であっても、その筋かいを用いて建入れ直しを行ってはならない。

6
施工

47 鉄骨工事 (3) 錆止め塗装

> ▶▶ パパっとまとめ
>
> 鉄骨等の錆止め塗装は、通常、錆止め塗料を 2 回塗るが、2 回とも製作工場で行う場合と、1 回目は製作工場、2 回目は工事現場で行う場合がある。また、現場接合部など、工場で塗装できない部分は、工事現場で 2 回塗ることとなる。

☐ 素地調整

塗装の前処理として**素地調整**を行う。鉄鋼面に付着した油分や錆等を除去するものである。素地調整を行った鉄鋼面はすぐに**錆止め塗装**を行う。

錆止め塗装を行わない部分　よく出る

通常、以下の部分については錆止め塗装は行わない。

☐ コンクリートに**密着**する部分及び**埋め込まれる**部分

☐ **高力ボルト**摩擦接合部の**摩擦面**

☐ 密閉される**閉鎖形断面**の内面

☐ ピン、ローラー等密着する部分及び**回転**又は**摺動面**で削り仕上げした部分

☐ 組立によって**肌合せ**となる部分

☐ 鉄骨検査後の錆止め塗装

鉄骨の工作において、超音波探傷試験など様々な検査が行われる。錆止め塗装は、塗装の検査以外の鉄骨検査**完了後**に行う。

☐ 現場溶接部分の錆止め塗装

現場で溶接を行う部分の錆止め塗装は、一般の部分とは目的が異なり、溶接開始までに開先部に錆を発生させないために行うもの

である。塗装範囲は、開先部と開先部から 50mm 程度までとし、裏当て金の付く面も同様に塗装する。

工事現場塗装

□ 工事現場で組み立てた接合部は、**素地調整**を行い、工場塗装と同種の錆止め塗料により塗装する。

□ 現場搬入後に錆止め塗装の塗膜が損傷した部分は、**活膜**（十分に密着し、上から新しい塗料を塗っても支障のない部分）を残して除去し、錆止め塗料で**補修**する。

□ 錆が生じた部分は、旧塗膜を除去し、素地調整を行ったうえ、錆止め塗料で**再塗装**する。

例題

平成 30 年 後期 No.22

鉄骨工事における錆止め塗装に関する記述として、**最も不適当なもの**はどれか。

1. 素地調整を行った鉄鋼面は、素地が落ち着くまで数日あけて錆止め塗装を行った。
2. 角形鋼管柱の密閉される閉鎖形断面の内面は、錆止め塗装を行わなかった。
3. コンクリートに埋め込まれる鉄骨梁に溶接された鋼製の貫通スリーブの内面は、錆止め塗装を行った。
4. 組立てによって肌合せとなる部分は、錆止め塗装を行わなかった。

解答 1

解説 1. 素地調整を行った鉄鋼面は、すぐに錆止め塗装を行う。
　　　3. コンクリートに埋め込まれる鉄骨梁の部分は錆止め塗装の必要はないが、設問における貫通スリーブの内面は露出しているため、錆止め塗装を行う必要がある。

6

施工

▶▶
> **パパっとまとめ**
> 高力ボルト摩擦接合は、高力ボルトを強く締め付けること
> により生じる摩擦力を利用した摩擦接合であり、**トルシア
> 形高力ボルト**や**JIS形高力ボルト**が用いられる。

☐ 摩擦面の処理

摩擦接合面全面は、**ショットブラスト**処理や薬品処理などにより、一様に**赤錆**を発生させるなどの摩擦面処理を行う。

☐ 高力ボルトセットの取扱い

試験や仮ボルトに用いた高力ボルトは、**本接合や別の試験**等に使用してはいけない。

ボルトの組立 よく出る

☐ **フィラープレート**：接合部の材厚の差等により1mmを超える**肌すき**がある場合は、フィラープレートを入れる。フィラープレートの両面にも**摩擦面**処理を行う。

☐ **勾配座金**：ボルト頭部又はナットと接合部材の面が、**1/20**以上傾斜している場合は、**勾配座金**を使用する。

ボルトの締付け よく出る

☐ **仮ボルトによる締付け**：本接合に先立ち、仮ボルトで締付けを行い、板の密着を図る。

☐ **締付け順序**：ボルトを取り付けた後、一次締め、**マーキング**、本締めの順序で本接合の締付けを行う。また、ボルト群ごとに、群の**中央**から**周辺**に向かう順序で行う。

マーキング

本締め前

☐ **本締め**：トルシア形高力ボルトは、専用レンチを用いて**ピンテール**が破断するまで締付ける。JIS 形高力ボルトは、**トルクコントロール**法又は**ナット回転**法で締付ける。

締付け後の確認 よく出る

☐ **トルシア形高力ボルト**：ピンテールの破断、**共回り**又は**軸回り**が生じていないこと（**マーキング**を確認）、ナット回転量、ボルトの余長などを確認する。

☐ **JIS 形高力ボルト**：共回りが生じていないこと（マーキングを確認）、ナット回転量、ボルトの余長などを確認する。

☐ **JIS 形高力ボルトのナット回転法の場合**：回転量が不足している場合は、所定の回転量まで**追締め**を行う。

☐ **JIS 形高力ボルトのトルクコントロール法の場合**：ナット回転量のばらつきは、**トルクレンチ**を用いボルト群**全て**のナットを**追締め**する。締付け不足の場合は、所定のトルクまで追締めする。締付け器具は、毎日作業開始前の**調整**を行う。

6

施工

例題　　　　　　　　　　　　令和元年 前期 No.22 改題

　高力ボルト摩擦接合の記述で、**最も不適当なもの**はどれか。

1.　ナット側の座金は、座金の内側面取り部がナットに接する側に取り付ける。

2.　ナットとボルトが共回りを生じた場合は、新しいボルトセットに取り替える。

3.　ボルトの締付けは、ボルト群ごとに継手の周辺部より中央に向かう順序で行う。

解答 3

解説 ボルト群ごとに、群の中央から周辺に向かう順序で行う。

129

▶▶
<u>パパっとまとめ</u>

鉄骨工事においては、被覆アーク溶接、ガスシールドアーク溶接等が行われる。また、スタッド（専用のボルト、ナットなど）を鋼材に溶接するスタッド溶接も行われる。

溶接材料

☐ 溶接材料は、汚損、変質、**吸湿**、錆等のあるものは使用しない。吸湿の疑いがあるものは乾燥して使用する。溶接金属は、水素量を多く含むと延性が低下し、**割れやすくなる**。

☐ **低水素系溶接棒**：490N/mm² 級以上の高張力鋼又は厚さ 25mm 以上かつ 400N/mm² 級の軟鋼の組立溶接を**被覆アーク**溶接で行う場合は、低水素系溶接棒を使用する。

溶接の準備

☐ **開先の加工**：開先加工は、**自動ガス**切断、機械加工などによる。

溶接施工

☐ **溶接姿勢**：作業架台、ポジショナー等を使用し、可能な限り、**下向き姿勢又は水平姿勢**で溶接する。（スタッド溶接の場合は、原則**下向き姿勢**とする。）

☐ **組立順序**：組立順序は、**溶接変形**が最小となるように決定する。

☐ **高力ボルトとの併用**：高力ボルト接合と溶接接合を併用する場合は、高力ボルト接合を**先**に行う。

☐ **隅肉溶接**：溶接長さは、有効長さに隅肉溶接のサイズの**2 倍**を加えたものとする（2 章 11 鉄骨構造（3）接合方法　参照）。

☐ **開先内の溶接**：原則として、開先内には**組立溶接**は行わない。

☐ **組立溶接**：本溶接作業に先立ち、組立て部材の形状を保持するために行う溶接を組立溶接と呼ぶ。**ビード**（溶接の盛上がり部分）の長さは板厚が 6mm 以下の場合は **30mm** を、板厚が 6mm を超える場合は **40mm** を最小とし、ショートビードとならないように注意する。

☐ **溶接のひずみ**：一般的に、溶接の際の熱で、母材に**反り**やひずみなどの変形が生じる。溶接時に治具で固定、溶接の順番を調整する、溶接熱が集中しないようコントロールするなど、ひずみを生じさせない対策が必要である。

溶接時の補助部材等

☐ **エンドタブ**：溶接不良が生じやすい溶接の始終端部に取り付ける補助板である。柱梁接合部にエンドタブを取り付ける場合は、**裏当て金**に取り付け、直接、母材に溶接しない。

☐ **裏当て金**：完全溶込み溶接を行う接合部の裏面に取り付ける鋼製部材である。初層の溶接において、継手部と裏当て金が十分に**溶け込む**ようにする。

☐ **スカラップ**：溶接線が交差する場合、溶接の重なりを避けるために設ける半円状の**切込み**のこと。スカラップを設けないノンスカラップ工法が用いられることもある。

| エンドタブ | 裏当て金 | スカラップ |

気温等による措置

- [ ] 作業場所の気温が− 5℃未満の場合は、溶接を行わない。
- [ ] 作業場所の気温が− 5℃以上 5℃以下の場合は、溶接線から 100mm 程度の範囲を加熱すれば、溶接を行うことができる。
- [ ] 降雨、降雪等で母材が濡れている場合は、溶接を行わない。ただし、適切な措置を講じ支障のない場合は、この限りでない。
- [ ] スタッド溶接の場合は、気温が 0℃以下の場合は、溶接を行わない。ただし、溶接部から 100mm の範囲を 36℃程度に加熱して溶接する場合は、この限りでない。
- [ ] ガスシールドアーク溶接は、原則、風速 2m/s 以上の場合は行ってはならない。

スタッド溶接

- [ ] **スタッドの仕上り**：仕上り高さは、所定の高さの± 2mm までの範囲とし、スタッドの傾きは、5°以内とする。
- [ ] **施工**：原則として、スタッド溶接は、アークスタッド溶接の直接溶接とし、下向き姿勢とする。
- [ ] **カラー**：カラー（接合箇所の溶接部分）がスタッドの軸全周にわたって形成されているものとする。
- [ ] **アンダーカット**：母材又はスタッド材軸部に発生した**アンダーカット**（溶接ビード止端部の溝状のえぐれ）は、**0.5mm 以内**とする。

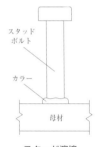

スタッド溶接

溶接部の試験

☐ **外観試験**：ビードの状況や**アンダーカット**などの欠陥を目視で確認する。

☐ **超音波探傷試験**：完全溶込み溶接部の検査は、**超音波探傷試験**により行われる。

☐ **打撃曲げ試験**：スタッド溶接の検査では、**打撃曲げ試験**が行われる。曲げ角度 15°で溶接部に割れなどの欠陥を生じない場合、合格となる。

溶接の補修

☐ **余盛りの過大部**：母材に損傷を与えないように**除去**し、整形する。

☐ **アンダーカット、余盛り不足、長さ不足等**：補修溶接を行う。

☐ **溶接部の割れ**：割れの範囲を確認し、その両端から 50mm 以上の範囲を除去し、再溶接を行う。

☐ **融合不良、溶込み不良等**：不良部分を除去した後、**再溶接**を行う。

☐ **溶接のひずみの矯正**：ハンマーでたたく、プレスで修正、加熱・急冷処理による修正などがある。

6
施工

例題

平成 28 年 No.76 改題

鉄骨の溶接に関する記述として、**最も不適当なもの**はどれか。

1. スタッド溶接は、原則としてアークスタッド溶接の直接溶接により、下向き姿勢で行う。
2. 過大な余盛りは、グラインダーなどで適正な高さに削る。
3. 溶接後のひずみの矯正は、加熱して行ってはならない。

解答 3

解説 厚い部材や残留応力が強度に悪影響を及ぼす部材などは、たたきのみでの矯正は難しく、熱処理を加えてひずみを矯正する。

▶▶ **パパっとまとめ**

継手部分は強度が低いため、力の伝達と耐力の保持の観点から構造上の弱点となり、大きな荷重がかかる位置に設けると危険である。継手の名称だけでなく、継手が用いられる構造材と継手位置、固定方法も同時に覚える必要がある。

継手 よく出る

主に線材どうしを直線方向に接合する場合の接合部の名称は以下のとおり。

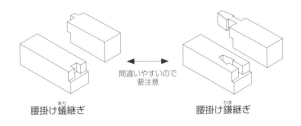

腰掛け蟻継ぎ　　間違いやすいので要注意　　腰掛け鎌継ぎ

□ **土台**：腰掛け蟻継ぎ、腰掛け鎌継ぎのいずれかとし、上木となる方をアンカーボルトで締め付ける。

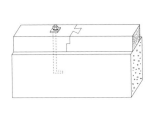

腰掛け蟻継ぎ

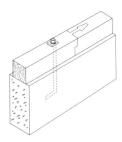

腰掛け鎌継ぎ

□ **胴差**：せいが異なる場合は、柱心から 150mm 程度持ち出し、
　　腰掛け鎌継ぎとする。接合金物は、短ざく金物当てボルト締
　　め、ひら金物両面当て釘打ちとする。

同せいの場合は、追掛け継ボルト締めとする。

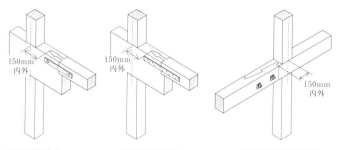

腰掛け鎌継ぎ
短ざく金物当てボルト締め

腰掛け鎌継ぎ
ひら金物両面当て釘打ち

追掛け継ボルト締め

仕口

線材どうしが角度を持って接合する場合の接合部の名称。隅通し
柱の土台への仕口は以下とする。

□ 土台へ扇ほぞ差しとする。

□ 接合金物は、軸組の種類と柱の配置に応じ
　　て、柱脚に必要とされる引張力が当該接合
　　金物の**引張耐力**を超えないものとする。

扇ほぞ差し

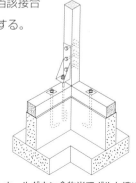

例）ホールダウン金物当てボルト締め

アンカーボルト

土台を基礎に緊結するため基礎コンクリートに埋め込むボルト。

アンカーボルト位置は以下のとおり。

☐ 土台の浮き上がりを防ぐため**耐力壁**の両端の柱の柱脚付近

☐ 継手を固定するため継手の**上木端部**付近

☐ **出隅**の柱の付近

☐ **土台の両端**

☐ アンカーボルトの間隔が大きい場合、間隔が 2.7m 以内となる位置

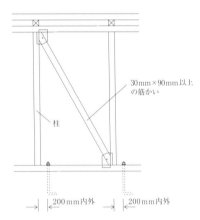

30mm×90mm以上
の筋かい

柱

200mm内外   200mm内外

例）耐力壁の両端の柱の柱脚付近

例題 1

在来軸組工法における木工事に関する記述として、**最も不適当なもの**はどれか。

1. せいが異なる胴差の継手は、受材心より 150mm 程度持ち出し、腰掛けかま継ぎとし、ひら金物両面当て釘打ちとした。
2. 土台の継手は、腰掛けあり継ぎとし、下木となる方をアンカーボルトで締め付けた。
3. 垂木の継手は、母屋の上でそぎ継ぎとし、釘打ちとした。
4. 大引の継手は、床束心から 150mm 程度持ち出し、腰掛けあり継ぎとし、釘打ちとした。

解答 2

解説 土台の継手におけるアンカーボルトの位置は、**上木**となる方である。上木を押さえれば、同時に下木も押さえることになる。

例題2

在来軸組工法の木工事に関する記述として、**最も不適当なもの**はどれか。

1. 土台を固定するアンカーボルトは、土台の両端部や継手の位置、耐力壁の両端の柱に近接した位置に設置した。
2. 根太の継手は、大引の心を避けて突付け継ぎとし、釘打ちとした。
3. 軒桁の継手は、柱心から持ち出して、追掛け大栓継ぎとした。

解答 2

解説 根太の継手は、大引などの**受材心**で突付け継ぎとし、釘打ちとする。

6

施工

51 在来軸組工法の木工事

学習 /

▶▶▶

> **パパっとまとめ**
> 木工事の施工の順序と施工方法、部材の下処理、設置箇所について、同じ設問が繰り返し出題されている。

☐ 木工事の工程と施工方法 よく出る

```
┌─────────────────────────┐
│       基礎工事          │
└─────────────────────────┘
            ↓
┌─────────────────────────┐
│      土台の据付け       │
└─────────────────────────┘
            ↓
┌─────────────────────────┐
│       建　方            │
└─────────────────────────┘
            ↓
┌─────────────────────────┐
│      建入れ直し         │
└─────────────────────────┘
            ↓
┌─────────────────────────┐
│   接合金物の締付け      │
│  本筋かい・火打材の固定 │
└─────────────────────────┘
            ↓
┌─────────────────────────┐
│      屋根葺き工事       │
└─────────────────────────┘
            ↓
┌─────────────────────────┐
│    床下地・外壁工事     │
└─────────────────────────┘
            ↓
┌─────────────────────────┐
│  内装下地・造作部材の取付け │
└─────────────────────────┘
```

基礎の天端に遣方から移した墨を基準とする

柱に使用する心持ち材には、干割れ防止のため、見え隠れ部分（完成後、他の部材等に覆われ、隠れる部分）に背割りを入れる

火打梁は梁と梁との水平構面の隅角部に斜めに入れる

138

平成 28 年 No.49

在来軸組工法の木工事に関する記述として、**最も不適当なも**のはどれか。

1. せいが異なる胴差どうしの継手は、柱心上で腰掛けあり継ぎとし、短ざく金物当てボルト締めとした。

2. 隅通し柱の土台への仕口は、土台へ扇ほぞ差しとし、ホールダウン金物当てボルト締めとした。

3. 建入れ直し完了後、接合金物を締め付けるとともに、本筋かい、火打材を固定した。

4. 内装下地や造作部材の取付けは、屋根葺き工事が終わってから行った。

解答 1

解説 せいが異なる胴差の継手は、柱心から 150mm 程度持ち出し、**腰掛け鎌継ぎ**とする。接合金物は設問のとおり。

例題 2 平成 30 年 後期 No.23

在来軸組工法の木工事に関する記述として、**最も不適当なも**のはどれか。

1. 建入れ直し完了後、接合金物を締め付けるとともに、本筋かい、火打材を固定した。

2. 内装下地や造作部材の取付けは、屋根葺き工事が終わってから行った。

3. 土台の据付けは、遣方の心墨や逃げ墨を基準とした。

4. 火打梁は、柱と梁との鉛直構面の隅角部に斜めに入れた。

解答 4

解説 火打梁は梁と梁との**水平構面**の隅角部に斜めに入れる。設問は、方杖の説明である。

6
施工

139

52 シーリング工事

学習 /

> **ババっとまとめ**
> シーリング工事とは、部材の接合部や目地部などをシーリング材で充填する工事である。建物への水の浸入を防ぐほか、地震などの揺れによる建物への影響を軽減する機能ももつ。

目地の寸法

☐ **コンクリート打継目地、ひび割れ誘発目地**：通常、幅20mm以上、深さ10mm以上とする。

☐ **ガラスまわりの目地**：通常、幅・深さとも5mm以上とする。

下地処理 よく出る

☐ **ワーキングジョイント**：動きの大きい外壁材の目地などを**ワーキングジョイント**と呼び、この動きに追従できるよう**バックアップ材**や**ボンドブレーカー**を使用し、**2面接着**とする。

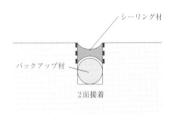
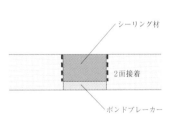

☐ **ワーキングジョイントの充填深さ（シーリングの厚さ）**：充填深さは、**目地幅**との関係から決定する。例えば、目地幅20mmの場合は、充填深さ（シーリングの厚さ）は10〜15mm程度が妥当である。

- [ ] **バックアップ材**：目地深さがシーリング材の寸法より深い場合は、**バックアップ材**を装着し、所定の深さが得られるようにする。裏面接着剤付きのバックアップ材は、目地幅より 1 mm 程度**小さいもの**、接着剤のついていないものは目地幅より 2 mm 程度**大きいもの**とする。また、丸形のバックアップ材は、目地幅より大きめのものを使用する。
- [ ] **ボンドブレーカー**：目地深さが所定の寸法の場合は、目地底に**ボンドブレーカー**（シーリング材と接着しない粘着テープ）を用いる。
- [ ] **ノンワーキングジョイント**：動きの小さい打継目地、ひび割れ誘発目地などを**ノンワーキングジョイント**と呼び、通常、**3面接着**とする。

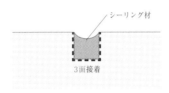

□ プライマー

プライマーの塗布は**当日**のシーリング材充填範囲のみとし、充填が翌日となった場合は、プライマーを再度塗布する。また、プライマー塗布後、ごみやほこり等が付着した場合も、**再塗布**を行う。

シーリング材の充填 よく出る

- [ ] **充填の順序**：目地への打始めは、原則として、目地の**交差部**又は**角部**から行う。
- [ ] **へら押え**：充填後は、へらで押さえ、下地と密着させて表面を

平滑に仕上げる。

☐ **目地縁の処理**：マスキングテープを張り、へら押え後、**直ちに**マスキングテープを取り除く。マスキングテープ張りは、**プライマー塗布**前に、その日の工事範囲のみを行う。

☐ **打継ぎ箇所**：打継ぎ箇所は、目地の交差部及び角部を避けて、**そぎ継ぎ**とする。

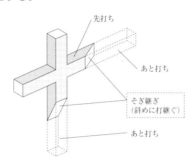

☐ **異種シーリング材の打継ぎ**：やむを得ず異種シーリング材を打ち継ぐ場合は、シーリング材の相性を確認し、先打ちシーリング材が十分**硬化**してから行う。（例えば、シリコーン系シーリング材にアクリル系シーリング材を打ち継ぐことはできない。）

☐ **シーリング材の除去**：充填箇所以外の部分に付着したシーリング材は、**直ちに**取り除く。ただし、**シリコーン**系シーリング材の場合は、**硬化後**に取り除く。

☐ **施工後の確認**：目視により充填状態を確認するとともに、シーリング材の硬化及び接着状態は**指触**等で確認する。

その他

☐ **作業の中止**：降雨、多湿等により結露のおそれがある場合、プライマーの塗布及び充填時に被着体が、**5℃以下**又は**50℃以**

上になるおそれのある場合は、原則、作業を中止する。

☐ **仕上前のシーリングの充填**：シーリングの充填は、原則とし
て、吹付け等の仕上げ作業の**前**に行う。仕上げ後に充填する場
合には、目地周囲を養生し、はみ出さないように行う。

☐ **被着体とシーリング材**

被着体とシーリング材の適切な組合せの例

被着体	シーリング材
ALC パネル、押出成形セメント板（仕上塗装なし）	変成シリコーン系
ALC パネル、押出成形セメント板（仕上塗装あり）	ポリウレタン系
コンクリートの打継目地、ひび割れ誘発目地 （仕上げ塗装なし）	ポリサルファイド系
コンクリートの打継目地、ひび割れ誘発目地 （仕上げ塗装あり）	ポリウレタン系
ガラス	シリコーン系
水回り（浴室、浴槽、キッチン、洗面台回りなど）	ポリサルファイド系

例題 令和元年 後期 No.25

6
施工

シーリング工事に関する記述として、**最も不適当なもの**はど
れか。

1.　充填箇所以外の部分に付着したシリコーン系シーリング材
は、硬化後に除去した。

2.　目地深さがシーリング材の寸法より深かったため、ボンド
ブレーカーを用いて充填深さを調整した。

3.　ノンワーキングジョイントでは、3面接着で施工した。

4.　コンクリート打継目地のシーリング目地幅は、20mmとし
た。

解答 2

解説 目地深さがシーリング材の寸法より深い場合は、バックアップ
材を用いて充填深さを調整する。

53 防水工事（1）アスファルト防水工事

▶▶ パパっとまとめ

アスファルト防水工法は、複数のアスファルトルーフィング類を溶融アスファルトを用いて重ね合わせた防水工法である。積層構造となるため、防水性が高い。

密着工法

☐ **保護防水密着工法**：アスファルトルーフィングやストレッチルーフィングなどを下地全面に張り付け防水層をつくり、その上にコンクリートなどの**保護層**を設ける工法。

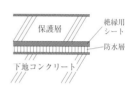

保護防水密着工法

絶縁工法

☐ **保護防水絶縁工法**：下地と防水層を密着させないように、**砂付き穴あきルーフィング**などを敷き込んだ防水層をつくり、その上にコンクリートなどで**保護層**を設ける工法。下地からの影響を抑えることができる。

☐ **露出防水絶縁工法**：保護層を設けない絶縁工法。通常、防水層の最上部は**砂付ストレッチルーフィング**を張り、**仕上塗料**を塗布する。露出防水では、下地に含まれる水分の気化等で防水層を押し上げて**膨れ**が発生することがあるため、湿気を防水層の外部に排出させる**脱気装置**を設けることが有効である。

☐ コンクリート下地

入隅及び出隅は、通りよく45°の**面取り**とする。立上りは、通常、コンクリート打放し仕上げとする。

アスファルトルーフィング類の張付け　よく出る

☐ **下地目地部「密着工法」**：コンクリートの打継ぎ箇所等は、幅50mm程度の絶縁用テープを張り付け、その上に幅**300mm**以上の**ストレッチ**ルーフィングを増張りする。

☐ **下地目地部「絶縁工法」**：コンクリートの打継ぎ箇所等は、幅50mm程度の絶縁用テープを張り付け、**砂付穴あきルーフィング**などを敷き込む

☐ **入隅、出隅**：幅300mm以上の**ストレッチ**ルーフィングを**最下層**に増張りする。

☐ **継目**：アスファルトルーフィング類の継目は、幅方向、長手方向とも、**100mm**以上重ね合わせ、**水下**側のアスファルトルーフィング類を、**下側**に張り重ねる。（ただし、「絶縁工法」の砂付き穴あきルーフィングの継目は、通気性を妨げないよう**突付け**張りとする。）

☐ **上下層の継目**：アスファルトルーフィング類の上下層の継目は、**同一箇所**としない。

☐ **立上り**：立上りと平場のアスファルトルーフィング類は別々に張り付け、立上り部分を平場の部分に**150mm**以上重ねて張り付ける。ただし、立上りの高さが**400mm**未満の場合は、平場のアスファルトルーフィング類をそのまま張り上げることができる。

☐ **流し張り**：**溶融アスファルト**を流しながらルーフィング類を張り付けていく方法であるが、このとき、ルーフィングの両端から溶融アスファルトがあふれ出るように押し均して下層に密着するように行う。

保護層 よく出る

- **入隅部**：保護層の入隅部分は、防水層の破損を避けるため、**成形緩衝材**を設ける。

- **溶接金網**：保護コンクリートの厚さの**中間部**付近に**溶接金網**を敷き込む。

- **伸縮調整目地**：保護コンクリートの伸縮による破損を防ぐため、厚さの**全断面**に伸縮調整目地を設ける。設置位置は、周辺は立上り部の仕上り面から 600mm 程度、中間部は縦横間隔 3,000mm 程度とする。

- **絶縁用シート**：防水層と保護層の間（断熱工法の場合は断熱材と保護層の間）に絶縁用シートを敷き込む。絶縁用シートは、立上り面等に 30mm 程度張り上げ、平場全体に敷き込む。

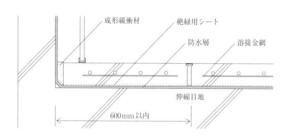

成形緩衝材　絶縁用シート　防水層　溶接金網　伸縮目地　600mm 以内

保護層の例

□ アスファルトの溶融

溶融がまは、施工場所の近くに設置し、完成した防水層の上に設置してはならない。また、溶融温度の上限は、アスファルトの製造所の指定する温度とする。

平成 30 年 後期 No.25 改題

屋上アスファルト防水工事に関する記述として、**最も不適当**なものはどれか。

1. 保護コンクリートに設ける伸縮調整目地は、中間部の縦横間隔を 3m 程度とした。
2. ルーフィング類は、継目の位置が上下層で同一箇所にならないようにして、水下側から張り付けた。
3. 平場のルーフィングと立上りのルーフィングとの重ね幅は、100mm とした。

解答 3

解説 平場のルーフィングと立上りのルーフィングとの重ね幅は、150mm 以上とし、平場部分で重なるように張り付ける。

例題 2

平成 29 年 前期 No.51

屋上アスファルト防水工事に関する記述として、**最も不適当**なものはどれか。

1. 立上り部は、型枠の締付け材にコーンを使用し、コンクリート打放し仕上げとした。
2. 保護コンクリートの伸縮調整目地の深さは、保護コンクリートの厚さの半分とした。
3. 平場部のルーフィング類の流張りでは、ルーフィングの両端から溶融アスファルトがあふれ出るように押し付けた。
4. 露出防水絶縁工法における防水層のふくれを低減するため、脱気装置を設けた。

解答 2

解説 伸縮調整目地は、保護コンクリートの断面全てに入れることにより、本来の機能が発揮する。

6

施工

54 防水工事（2）合成高分子系 ルーフィングシート防水工事

▶▶ **パパっとまとめ**

シート防水工法は、工場製品の防水シートを用いるため、均質な防水層が形成できる。

ルーフィングシートの材料による分類（塩化ビニル樹脂系シート、加硫ゴム系シートなど）、下地との固定方法による分類（接着工法、機械的固定工法、密着工法など）がある。

接着工法

接着剤を用いてルーフィングシートを下地に張り付ける工法である。

☐ **コンクリート下地**：コンクリート下地は**直均し仕上げ**とし、出隅は通りよく 45°の**面取り**とし、入隅は通りよく**直角**とする。

☐ **ALC パネル下地**：パネル短辺の接合部の目地部に幅 50mm 程度の**絶縁用テープ**を張り付ける。

☐ **プライマー**：ローラーばけ等を用いて**当日**の施工範囲をむらなく塗布する。下地への接着剤の塗布は、プライマー**乾燥後**に行う。

☐ **張付け**：塗布した接着剤の**オープンタイム**（所定の性能が発揮されるまで放置する「待ち時間」）を確認して、ルーフィングシートに引張りを与えないよう、また、しわを生じさせないように張り付け、ローラー等で転圧して接着させる。

塩化ビニル樹脂系シート防水接着工法

☐ **張付け** よく出る ：合成ゴム系の接着剤を使用する場合は、**下地面及びシート裏面**に均一に塗布する。**エポキシ樹脂系**の接着剤を用いる場合は**下地面のみ**の塗布とする。

☐ **接合部** よく出る ：ルーフィングシートの重ね幅は、幅方向、長手方向とも **40**mm 以上とし、熱風融着又は溶剤溶着により

接合し、その端部を**液状シール材**で処理する。シートが3枚重ねとなる部分は、**熱風融着**して重ね部の**すき間**をなくす。

- [ ] **立上り部** `よく出る` ：出入隅部はルーフィングシート施工後に、**成形役物**を張り付ける。立上り末端部は押え金物で固定し、**不定形シール材**を充填する。

- [ ] **仕上塗料**：一般的に、塩化ビニル樹脂系シートは耐久性が高く、あらかじめ着色されているため、仕上塗装は不要である。

加硫ゴム系シート防水接着工法

- [ ] **張付け**：加硫ゴム系シートには、合成ゴム系などの接着剤が用いられ、**下地面及び**シート裏面に均一に塗布する。基本的に、**エポキシ樹脂**系接着剤は**適さない**。

- [ ] **接合部** `よく出る` ：ルーフィングシートの重ね幅は、幅方向、長手方向とも100mm以上とし、接着剤で接合する。ただし、平場と立上りとの重ね幅は150mm以上とする。ルーフィングシートが3枚重ねとなる部分は、内部の段差部分に**不定形シール材**を充填する。

- [ ] **立上り部** `よく出る` ：出入隅部はルーフィングシートの張付け前に、**200mm角程度の増張り用シート**を張り付ける。立上り末端部は押え金物で固定し、**不定形シール材**を充填する。

- [ ] **ルーフドレン回り**：ルーフィングシートの張付けに先立ち、幅150mm程度の**増張り用シート**を張り付ける。

- [ ] **配管回り**：ルーフィングシートの張付けに先立ち、幅100mm程度の**増張り用シート**を張り付ける。

- [ ] **仕上塗料** `よく出る` ：通常、美観や保護のため仕上塗料を施工する。

□ 機械的固定工法

固定金具を用いてルーフィングシートを下地に固定する工法である。下地の影響を受けにくいため、改修工事の場合など、最低限の下地処理で済み、工期の短縮が期待できる。

□ 密着工法

ルーフィングシートを**ポリマーセメント**ペーストを用いて下地に張り付ける工法。**エチレン酢酸ビニル樹脂**系ルーフィングシートが使用される。

□ 断熱工法

防水層と躯体の間に**断熱材**を使用する工法。屋上からの太陽熱を遮断し、室内の**保温・保冷**効果が期待できる。接着工法、機械的固定工法ともに、断熱工法での施工が可能である。

例題 1

令和元年 前期 No.25 改題

　塩化ビニル樹脂系ルーフィングシート防水接着工法に関する記述として、**最も不適当なもの**はどれか。
1. ルーフィングシート相互の接合部は、重ね面を溶剤溶着とし、端部は液状シール材を用いて処理した。
2. プライマーは、ALC パネル下地であったため、塗布しなかった。
3. 防水層の立上り末端部は、押え金物で固定し、不定形シール材を用いて処理した。

解答 2

解説 プライマーには下地と塗料の密着をよくするための役割があり、ALC パネル下地にも使用する。

例題2

　加硫ゴム系シート防水接着工法に関する記述として、**最も不適当なもの**はどれか。

1. 下地への接着剤の塗布は、プライマーの乾燥後に行った。
2. 美観と保護を目的に仕上塗料塗りを行った。
3. 下地とシートの接着には、エポキシ樹脂系接着剤を用いた。
4. 平場でのシート相互の接合幅は、幅方向、長手方向とも 100mm 以上とした。

解答 3

解説 加硫ゴム系シートの接着には、合成ゴム系などの接着剤を用いるのが一般的である。エポキシ樹脂系接着剤は適さない。

例題3

　合成高分子系ルーフィングシート防水の接着工法に関する記述として、**最も不適当なもの**はどれか。

1. 加硫ゴム系シート防水において、ルーフィングシート相互の接合部は、接着剤とテープ状シール材を併用して接合する。
2. 塩化ビニル樹脂系シート防水において、エポキシ樹脂系接着剤を用いて張り付ける場合、接着剤は、下地面のみに塗布する。
3. 加硫ゴム系シート防水において、ルーフィングシート相互の接合部で3枚重ねとなる部分は、シートを熱風で柔らかくして、段差部をなくすように融着する。
4. 塩化ビニル樹脂系シート防水において、下地が ALC パネルの場合、パネル短辺の接合部の目地部に、絶縁用テープを張り付ける。

解答 3

解説 加硫ゴム系シート防水において、ルーフィングシート相互の接合部で3枚重ねとなる部分は、内部の段差部分に不定形シール材を充填する。

6
施工

55 防水工事（3） 塗膜防水工事

学習 ／

▶▶ **パパっとまとめ**

塗膜防水はコンクリート下地に塗膜防水材を塗布し防水層を形成する防水工法である。アスファルト防水やシート防水と比べて、下地の形状が複雑な場合に対応しやすい、シームレス（継目がない）である、などの特徴がある。

塗膜防水の種類

防水材料の種類として、ウレタンゴム系、ゴムアスファルト系などがある。

ウレタンゴム系塗膜防水

□ 一般的には、主剤と硬化剤の 2 成分からなり、現場で**混合撹拌**して反応硬化させるものである（1 成分形の製品もある）。大きく分けて、絶縁工法と密着工法に分けられる。

□ **防水層の下地**：コンクリート下地は**直均し**仕上げとし、出隅は通りよく 45°の**面取り**とし、入隅は通りよく**直角**とする。また、打継ぎ箇所等で防水上不具合のある下地は U 字形にはつり、**シーリング材**を充填したうえ、幅 100mm 以上の**補強布**を用いて補強塗りを行う。

□ **プライマー**：下地が十分乾燥した後に清掃を行い、ローラーばけ等を用いて当日の施工範囲をむらなく塗布する。

□ **施工順序** よく出る：通常、防水層の施工は、立上りを**先**に行い、次に平場部を行う。

□ **補強布** よく出る：立上り部、出隅部、入隅部、ルーフドレン、配管等の取合いは、**補強布**を用いて補強塗りを行う。

152

□ **補強布の継目** `よく出る` ：補強布の継目は**重ね張り**とし、重ね幅は 50mm 以上とする。

□ **塗継ぎ** `よく出る` ：塗継ぎの重ね幅は 100mm 以上とする。

□ **絶縁工法** `よく出る` ：**通気緩衝シート**の上に防水材を塗り重ねる工法。下地の水分による膨れや下地の挙動などによる防水層の破断を防止する。**歩行**には不向きである。

□ **通気緩衝シート** `よく出る` ：絶縁工法において、接着剤を用い通気緩衝シートを下地に張り付ける。継目は重ならないよう**突付け**とし、ジョイントテープ等で処理を行う。立上り部まで張る必要はない。

□ **穴あき通気緩衝シート**：穴の開いた部分は、防水材を充填し下地と密着さる。このため、**接着力・耐久**性が増す。

□ **密着工法**：プライマー・防水材を直接塗布する工法。下地の影響を**受けやすく**、防水層のひび割れや下地の水分による**膨れ**が発生することもある。小面積で複雑な箇所に適しており、**歩行**も可能である。

6
施工

例題 平成 29 年 前期 No.52

　ウレタンゴム系塗膜防水に関する記述として、**最も不適当な**ものはどれか。

1. 防水層の施工は、立上り部、平場部の順に施工する。
2. 補強布の張付けは、突付け張りとする。
3. 立上り部等は、補強布を用いて防水材を塗布する。
4. 穴あきタイプの通気緩衝シートは、下地に張り付けた後、防水材でシートの穴を充填する。

解答 2
解説 補強布は重ね張りとし、重ね幅は 50mm 以上とする。

56 タイル工事（1）セメントモルタルによる後張り工法

学習 /

▶▶ **パパっとまとめ**

セメントモルタルによる後張り工法は、タイルの張り方により「密着張り」「改良積上げ張り」「改良圧着張り」「マスク張り」「モザイクタイル張り」に分けることができる。

密着張り よく出る

☐ 張付けモルタルを下地面に塗り、タイル用**振動工具**を用いてタイルを密着させ張り付ける工法。

☐ **張付けモルタル**：張付けモルタルは 2 層に分けて塗り付け、1 回の塗付け面積の限度は、2m² / 人以内、かつ、20 分以内に張り終える面積とする。

☐ **張付け順序**：窓、出入口回り、隅、角等の**役物**を先に行う。

☐ **タイルの張付け**：タイルの張付けは、**上部から 1 段おきに水糸**に合わせて張ったのち、間を埋めるように張る。また、タイル周辺からモルタルが**はみ出す**まで振動機を移動させながら、**目違いのないよう通りよく**張り付ける。

☐ **化粧目地**：タイル張付け後、24 時間以上経過した後、張付けモルタルの硬化を見計らって、**目地詰め**を行う。また、目地の深さは、タイル厚さの 1/2 以下とする。

改良積上げ張り よく出る

☐ タイル裏面全面に張付けモルタルを平滑に塗り、役物の張り付け後、**下段から 1 段ずつ張り上げる**工法。

☐ **張付けモルタル**：モルタルの塗置き時間は 5 分以内とする。また、モルタルを練り混ぜる量は 1 回の塗付け量及び張付け量

154

とする。

☐ **タイルの張付け**：タイル周辺からモルタルが**はみ出す**まで入念にたたき締め、通りよく平らに張り付ける。また、1 日の張付け高さの上限は、1.5m 程度とする。

☐ **化粧目地**：「密着張り」と同様とする。

改良圧着張り よく出る

☐ モルタル下地面に張付けモルタルを塗り、モルタルが軟らかいうちにタイル裏面にも同じ張付けモルタルを塗ってタイルを張り付ける工法。

☐ **張付けモルタル**：張付けモルタルは 2 層に分けて塗り付け、1 回の塗付け面積の限度は、2m² / 人以内、かつ、60 分以内に張り終える面積とする。また、練り混ぜる量は 1 回の塗付け量及び張付け量とする。

☐ **張付け順序、化粧目地**：「密着張り」と同様とする。

☐ **タイルの張付け**：タイル周辺からモルタルが**はみ出す**までたたき締め、通りよく平らに張り付ける。

マスク張り よく出る

☐ 表張りユニットタイル**裏面**にモルタル塗布用の**専用マスク**をかぶせて張付け用モルタルを塗り、マスクを外してからユニットタイルをたたき押さえして張り付ける工法。

☐ **張付けモルタル**：張付けモルタルには**混和剤**を用い、裏面全面にこてで圧着して塗り付ける。なお、モルタルの塗置き時間は 5 分以内とする。

☐ **張付け順序**：「密着張り」と同様とする。

□ **タイルの張付け**：縦横及び目地幅の通りをそろえて張り付け、目地部分に張付けモルタルがタイル周辺から**はみ出す**までたたき締める。

□ **表張り紙**：表張り紙は、ユニットタイル張付け後、時期を見計らって**水湿し**をして紙をはがし、著しいタイルの配列の乱れがある場合は、配列を直す。

□ **化粧目地**：タイル張付け後、24 時間以上経過した後、張り付けモルタルの硬化を見計らって、**すり込み**目地を施工する。目地の深さは、タイル厚さの 1/2 以下とする。

モザイクタイル張り

□ 下地に張付けモルタルを塗り付け、**表張り**ユニットタイルを張り付ける工法。

□ **張付けモルタル**：張付けモルタルは 2 層に分けて塗り付け、1 回の塗付け面積の限度は、3m² / 人以内、かつ、20 分以内に張り終える面積とする。

□ **タイルの張付け**：張付けモルタルを塗り付けた後、タイルを張り付け、目地部分に張付けモルタルが**盛り上がる**までたたき締める。

□ **表張り紙、化粧目地**：「マスク張り」と同様とする。

床タイル圧着張り

□ **床**において、下地モルタル（敷モルタル）の上に張付けモルタルを塗って、タイルを張る工法。

□ **下地モルタルあるいは敷モルタル**：下地モルタルあるいは敷モルタルは、**貧調合**（砂に対してセメントの容積比が小さい）とする。

□**張付けモルタル**：張付けモルタルは 2 層に分けて塗り付け、1 回の塗付け面積の限度は、2m²/ 人以下とする。

□**タイルの張付け**：張付け面積の大きい場合は、目地割りに応じて基準となるタイル張りを行い、これを**定規**にして張り付ける。

□**化粧目地**：目地の深さは歩行に支障のない程度の**沈み目地**とし、タイル上を歩行可能となった時点で行う。

□**まぐさ等のタイル張り**

小口タイル以上の大きさのタイルをまぐさ又はひさし先端下部に張り付ける場合は、なましステンレス鋼線の**引き金物**を使用する。必要に応じて、受木を添えて 24 時間以上支持する。

例題

令和元年 後期 No.26

セメントモルタルによるタイル後張り工法に関する記述として、**最も不適当なもの**はどれか。

1. 改良積上げ張りは、張付けモルタルを塗り付けたタイルを、下部から上部に張り上げる工法である。
2. 密着張りは、下地面に張付けモルタルを塗り付け、振動機を用いてタイルを張り付ける工法である。
3. マスク張りは、下地面に張付けモルタルを塗り付け、表張りユニットをたたき込んで張り付ける工法である。
4. 改良圧着張りは、下地面とタイル裏面とに張付けモルタルを塗り付け、タイルを張り付ける工法である。

解答 3
解説 マスク張りは、専用マスクをかぶせたユニットタイル裏面に、張付け用モルタルを塗り、下地に張り付ける工法である。

6
施工

57 タイル工事 (2) 有機系接着剤による後張り工法

▶▶ パパっとまとめ

有機系接着剤による後張り工法とは、接着剤を用いたタイル張りであり、内壁タイルのほとんどがこの工法である。また、外壁においても、戸建住宅を主体に主流な工法となっている。

□ タイル

小口タイル以上の大きさのタイルをまぐさ又はひさし先端下部に用いる場合は、形を L 形とする。

有機系接着剤

□ **内装用**：施工箇所・用途などにより、タイプ I、タイプ II、タイプ III の 3 タイプがある。なお、吹抜け部分等へのタイル張りに使用する接着剤は、**屋外**用に準拠する。

□ **(タイプ I)** 湿っている下地に張付け後、長期にわたって水及び温水の影響を受ける箇所に用いるもの。

□ **(タイプ II)** ほぼ乾燥している下地に張付け後、間欠的に水及び温水の影響を受ける箇所に用いるもの。

□ **(タイプ III)** ほぼ乾燥している下地に張付け後、水及び温水の影響を受けない箇所に用いるもの。

□ **屋外用** よく出る ：一液反応硬化形の変成シリコーン樹脂系又はウレタン樹脂系を標準とする。

シーリング材

□ **打継目地及びひび割れ誘発目地**：通常、ポリウレタン系シーリング材を使用する。

- [ ] **伸縮調整目地**：通常、**変成シリコーン**系シーリング材を使用する。
- [ ] **汚染の確認**：外壁に用いるシーリング材は、施工に先立ち、有機系接着剤による**汚染**が出ないことを確認する。
- [ ] **施工時の条件**：外装タイル施工時の降雨、降雪、強風時や、気温が 5℃以下になると予想される場合は、施工を行わない。

タイル張付け ⯈よく出る⯇

- [ ] **1回の施工量**：接着剤の 1 回の塗布面積の限度は、**30** 分以内に張り終える面積とする。
- [ ] **くし目**：接着剤は金ごて等を用いて平坦に塗布した後、くし目ごてを壁面に対して **60°**の角度を保ち、くし目を立てる。

接着剤のくし目立て

例題　　　　　　　　　　　　　　　　平成 30 年 前期 No.26

　有機系接着剤による壁タイル後張り工法に関する記述として、**最も不適当な**ものはどれか。

1.　外壁の施工に使用する接着剤は、練混ぜの必要がない一液反応硬化形のものを使用した。

2.　張付け用接着剤は、くし目立てに先立ち、こて圧をかけて平坦に下地に塗り付けた。

3.　くし目立ては、くし目ごての角度を壁面に対し直角とし、くし目を立てた。

4.　二丁掛けのタイル張りは、密着張りで使用する振動工具で加振して張り付けた。

解答 3

解説 くし目立ては、壁面に対して 60°の角度とする。

6

施工

159

58 張り石工事

▶▶ **パパっとまとめ**

建築分野における張り石工事には、外壁工事、内壁工事、床工事及び階段の石張り工事などがある。ここでは、外壁工事・内壁工事の「外壁湿式工法」「外壁乾式工法」「内壁空積工法」について整理する。

外壁湿式工法

□ 外壁用の石材を**引き金物**で固定し、**裏込めモルタル**などを充填する工法。

□ **石材の有効厚**：有効厚さは、25mm 以上とする。

□ **取付け代（石材と躯体の間隔）**：取付け代は、40mm 程度とする。

□ **裏込めモルタルの充填**：目地からモルタルが流出しないように発泡プラスチック材等で**目止め**を行う。また、裏込めモルタルの充填は、石材を 1 段積み上げるごとに行う。

□ **一般目地**：通常、目地幅は 6mm 以上とし、シーリング材やセメントモルタルを充填する。

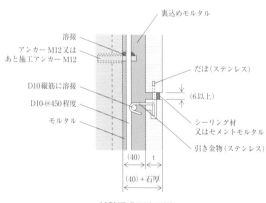

外壁湿式工法の例

外壁乾式工法 よく出る

- ☐ ファスナーと呼ばれるだぼ付きの引き金物を用いて石材と躯体を緊結する工法。湿式工法と比較して、**凍害**を受けにくい、**白華**が起こりにくい、地震時などの躯体の挙動に追従しやすい、石材の熱変形による影響を受けにくい等の特徴がある。

- ☐ **スライド方式・ロッキング方式**：**スライド方式**（上・下の石が別々に動く）と**ロッキング方式**（上・下の石をダボピンで継ぐ）がある。

- ☐ **石材の有効厚さ**：有効厚さ **30mm** 以上とする。

- ☐ **石材の重量**：1 枚当たりの石材の重量は **70kg** 以下とする。

- ☐ **石材の大きさ**：1 枚当たりの石材の幅及び高さは **1,200**mm 以下、かつ、面積は **0.8m²** 以下とする。

- ☐ **取付け代（石材と躯体の間隔）**：ダブルファスナー（一次ファスナーと二次ファスナー）を用いる場合、**70mm** 程度とする。

- ☐ **ファスナーの取付け**：下地にあと施工アンカーを設置し、これに一次ファスナーを取り付ける。

- ☐ **目地**：目地幅は **8mm** 以上とし、シーリング材を充填する。

- ☐ **幅木・根石**：最下部の石材（**幅木・根石**）は、水平、垂直及び通りを正確に据え付け、**裏込めモルタル**を充填し固定する。

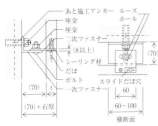
乾式工法（スライド方式）

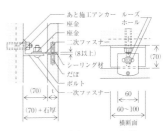
乾式工法（ロッキング方式）

外壁乾式工法の例

内壁空積工法 よく出る

☐ 内壁用の石材と躯体を**引き金物**で緊結し、引き金物周辺のみを
モルタルで**固定**する工法。

☐ **石材の有効厚さ**：有効厚さは、20mm 以上とする。

☐ **取付け代（石材と躯体の間隔）**：40mm 程度とする。

☐ **引き金物**：引き金物と下地の緊結部分は、石材裏面と下地面と
の間に取付け用モルタルを充填する。

☐ **石材の取付け**：一般部は、下段の石材の**横目地あいば**に取り付
けただぼに合わせて目違いのないように取り付ける。

☐ **一般目地**：通常、目地幅は6mm 以上とする。

☐ **伸縮調整目地**：伸縮調整目地の構造は、発泡プラスチック材等
を下地コンクリート面に**達するまで**挿入し、**シーリング材**で仕
上げる。通常、6m 程度ごとに設ける。

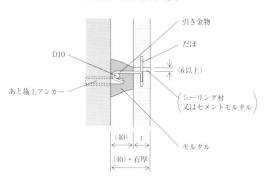

内壁空積工法の例

施工の留意点（各工法共通）

☐ **石材の加工**：石材がのみ込みとなる部分（見えなくなる部分）
は、15mm 以上を見え掛りと同程度の仕上げとする。

☐ **金物用の石材の加工**：だぼ用の取付け穴や引き金物用の道切な
どは、**据付け前**に加工しておく。

令和元年 前期 No.26

鉄筋コンクリート造の外壁乾式工法による張り石工事に関する記述として、**最も不適当なもの**はどれか。

1. 入隅で石材がのみ込みとなる部分は、目地位置より 20mm を表面仕上げと同様に仕上げた。
2. ファスナー部分は、固定のため、張り石と躯体のすき間に取付け用モルタルを充填した。
3. 石材間の一般目地は、目地幅を 10mm としてシーリング材を充填した。
4. 幅木は、衝撃対策のため、張り石と躯体のすき間に裏込めモルタルを充填した。

解答 2

解説 外壁乾式工法は、幅木、根石などの部分を除きモルタル充填は行わない。

例題 2

平成 30 年 後期 No.26

内壁空積工法による張り石工事に関する記述として、**最も不適当なもの**はどれか。

1. だぼの取付け穴は、工場で加工した。
2. 一般部の石材は、縦目地あいばにだぼ及び引き金物を用いて据え付けた。
3. 引き金物と下地の緊結部分は、取付け用モルタルを充填し被覆した。
4. 引き金物用の道切りは、工事現場で加工した。

解答 2

解説 下段の石材の横目地あいばに取り付けただぼに引き金物を用いて据え付ける。

6

施工

▶▶ パパっとまとめ
....
出題頻度の高い、折板葺・金属板葺・粘土瓦葺を取り上げた。
金属板葺には、平葺（一文字葺）・横葺・瓦棒葺など多くの種類があるが、下葺（防水シート）の施工は共通である。

折板葺 よく出る

□ 折板の**流れ**方向には、継手を設けない。

□ タイトフレームと下地材との接合は、**隅肉溶接**とし、溶接後はスラグを除去し、錆止め塗料を塗り付ける。

□ 重ね形の折板は、各山ごとにタイトフレームに固定し、流れ方向の重ね部の緊結のボルト間隔は **600**mm 程度とする。

□ けらば包みは、**1.2**m 以下の間隔で下地に取り付ける。

□ けらば包みの継手位置は、端部用タイトフレームの近くに設け、継手の重ねは、**60**mm 以上とする。

□ けらばの変形防止材（妻アングル）は、折板の 3 山ピッチ以上の長さで、**1.2**m 以下の間隔で取り付ける。

□ 壁との取合い部分の浸水を防ぐため、**雨押え**を設ける。

□ 棟包みや雨押えの水上側で雨水を止めるため、**止水面戸**を取り付ける。

□ 棟包みや雨押えの水下側で雨水を切るため、**エプロン**を取り付ける。

□ 水下の軒先には、**軒先面戸**を取り付ける。

□ 水下の谷部先端には、水切れをよくするため**尾垂れ**を設ける。

金属板葺

- [ ] 下葺は、野地面上に軒先と平行に敷き込み、軒先から上へ向かって張る。上下（流れ方向）は100mm以上、左右（長手方向）は200mm以上重ね合わせる。なお、横方向の継目位置はそろえない。

- [ ] 下葺の留付けは、留付け用釘又はステープルにより、重ね合せ部は間隔300mm程度、その他は要所に留め付ける。

- [ ] 葺板の留付け用部材は、屋根材に応じ、**亜鉛めっき**処理された鋼製又はステンレス製とする。

- [ ] 葺板の留付けは、吊子、**通し吊子又は通し付け子**とする。

- [ ] 軒先は、葺板の水下先端部を唐草につかみ込んで納め、唐草の継手位置と葺板の継手位置が**そろわ**ないようにする。

粘土瓦葺

- [ ] 瓦桟木の材質は杉とし、寸法は幅21mm×高さ15mm以上として、**防腐**処理を施したものとする。

- [ ] 棟補強用心材の材質は杉とし、寸法は幅40mm×高さ30mm以上として、**防腐**処理を施したものとする。

- [ ] 緊結線は、合成樹脂等で被覆された径1.0mm以上の銅線又は径0.9mm以上の**ステンレス**製とする。

- [ ] 葺土は、既調合の**なんば**しっくい又はモルタルとする。

- [ ] 谷どいに銅板を用いる場合は、厚さ0.35mm以上とする。

6

施工

雨どい

□ とい受け金物の間隔

といの種類	軒どい	たてどい
鋼板製	0.9m 以下	1.0m 以下
硬質塩化ビニル製	0.6m 以下	0.9m 以下

□ とい受け金物は、**溶融亜鉛**めっきを行ったものとする。

軒どい

□ 銅板製軒どいの継手は、径 6mm 程度の力心を相互に差し込み、重ね代 40mm 程度として、はんだ付けをする。

□ 硬質塩化ビニル製の軒どいは、とい受金物と径 1.2mm 程度の金属線で、といの伸縮挙動を阻害しない程度に固定する。

□ 接続した軒どいの 1 本の長さは 10m 以内とし、あんこう又は集水器部分で伸縮を確実に吸収するように取り付ける。

たてどい

□ 鋼板製たてどいの長さ方向の継手は、上にくるたてどいを下のといに差し込んで継ぐ。差し込み寸法は丸たてどいは直径寸法程度、角たてどいは 60mm 程度とする。

□ 硬質塩化ビニル製たてどいの継手は、継手部品で**接着**剤を用いて継ぐ。

□ 硬質塩化ビニル製たてどいの継いだといの長さが 10m を超える場合は、**エキスパンション**継手を設ける。

令和元年 後期 No.27

金属製折板葺の工法に関する記述として、**最も不適当なもの**はどれか。

1. 重ね形折板のボルト孔は、折板を1枚ずつ、呼び出しポンチで開孔した。
2. 重ね形折板は、各山ごとにタイトフレーム上の固定ボルトに固定した。
3. 折板葺のけらばの変形防止材には、折板の3山ピッチ以上の長さのものを用いた。
4. 折板葺の棟包みの水下側には、雨水を止めるために止水面戸を用いた。

解答 4

解説 折板葺の棟包みの水下側にはエプロン面戸を、水上側に止水面戸を設ける。

例題 2

平成29年 前期 No.54

硬質塩化ビニル雨どいの工事に関する記述として、**最も不適当なもの**はどれか。

1. たてどいの継手は、専用の部品を用い、接着剤を用いて取り付けた。
2. たてどいの受け金物は、間隔900mm以下で通りよく取り付けた。
3. 軒どいは、両端を集水器に接着剤を用いて堅固に取り付けた。
4. 軒どいは、とい受け金物に径1.2mm程度の金属線で取り付けた。

解答 3

解説 軒どいの伸縮を集水器部分で確実に吸収するように取り付ける。

6

施工

167

金属材料の表面処理と表面仕上げ よく出る

ステンレス

☐ **No.2D**：冷間圧延、熱処理、酸洗いの工程後、つや消しロール
で軽く圧延した仕上げ

☐ **No.2B**：冷間圧延、熱処理、酸洗いの工程後、適度な光沢を与
えるために軽く冷間圧延した仕上げ

☐ **BA**：冷間圧延後、光輝熱処理を行い、さらに光沢を上げるた
めに軽い冷間圧延した仕上げ

☐ **ヘアライン**：適当な粒度の研磨材で連続した磨き目がつくよう
に研磨した仕上げ

☐ **鏡面**：鏡面用バフにより最終研磨を行った最高の反映度を持つ
仕上げ

☐ **エッチング**：化学的に腐食溶解処理して図柄や模様を施した仕
上げ

☐ **エンボス**：機械的に凹凸の浮き出し模様を付けた仕上げ

銅・鋼・アルミニウム

□ **硫化いぶし仕上げ**：銅合金の表面に硫黄を含む薬品を用いてかっ色に着色したもの

□ **溶融亜鉛めっき**：鋼材を溶融した亜鉛の中に浸せきして亜鉛めっき被膜を生成させたもの

□ **電気めっき**：鋼材などを電解液中で通電して、表面に被膜金属を生成させたもの

□ **陽極酸化被膜仕上げ**：アルミニウム合金を硫酸その他の電解液中で電気分解して、表面に被膜を生成させたもの

□ **陽極酸化塗装合成被膜仕上げ**：アルミニウム合金を陽極酸化処理の後、さらに塗装を施して耐食性などを一段と向上させたもの

例題 平成 30 年 後期 No.27

金属材料の表面処理及び表面仕上げに関する記述として、**最も不適当なもの**はどれか。

1. ステンレスの表面に腐食溶解処理して模様を付けたものを、エンボス仕上げという。
2. 銅合金の表面に硫黄を含む薬品を用いてかっ色に着色したものを、硫化いぶし仕上げという。
3. アルミニウム合金を硫酸その他の電解液中で電気分解して、表面に生成させた被膜を陽極酸化被膜という。
4. 鋼材などを電解液中で通電して、表面に被膜金属を生成させることを電気めっきという。

解答 1

解説 設問内容はエッチングの説明である。エンボス仕上げは、**機械**的に凹凸の浮き出し模様を付けた仕上げをいう。

▶▶ パパっとまとめ

左官工事の中で、出題頻度の高い3種類を取り上げた。
それぞれの材料・工程・養生について理解して欲しい。
仕上塗材仕上げの種類は20種類近くあり、すべての工程を
把握するのは困難であるため、基本的事項にしぼって理解
する。

コンクリート壁下地セメントモルタル塗り よく出る

☐ 作業性の向上、乾燥収縮によるひび割れ防止のため混和剤とし
て用いる保水剤は、メチルセルロース等の**水溶**性樹脂とする。

☐ 下地コンクリート面はデッキブラシ等で**水洗い**を行い、モルタ
ルの接着を妨げるものを除く。

☐ 1回の塗厚は、**7**mm以下とする。

☐ 全塗厚は、**25**mm以下とする。超える場合は、下地にアン
カーピンを打ち、ラス網等を張る。

☐ モルタルの1回の練混ぜ量は、**60**分以内に使い切れる量とす
る。

☐「セメント：砂」調合（容積比）の標準

下塗り	1：2.5	富調合	セメントの量が多い 表面のひび割れが発生しやすい 強度・付着力が大きい 粒度の大きい砂を使用
むら直し 中塗り 上塗り	1：3	貧調合	セメントの量が少ない ひび割れが少ない 粒度の小さい砂を使用

下塗り

☐ 下地とモルタルの接着力増強のため、**吸水調整材を製造所の指**定倍率で希釈して全面に塗り、乾燥後、**下塗り**を行う。

☐ 下塗り面は、金ぐし類で**荒らし目**をつける。

☐ 下塗り後、モルタル表面の**ドライアウト**を防止するために、水湿しを行う。

☐ 下塗り後、14 日以上放置して、ひび割れ等を十分発生させてから、次の塗付けを行う。

むら直し

☐ むらが著しい場合に行う。

☐ 塗付け後、**荒らし目**をつけ、7 日以上放置する。

中塗り

☐ 出隅、入隅、ちり回り等は、**定規**塗りを行い、定規通しよく平らに塗り付ける。

上塗り

☐ 中塗りの状態を見計らい、面、角、ちり回り等に注意し、こてむらなく**平ら**になるように仕上げる。

セルフレベリング材塗り よく出る

☐ **自己水平**性に富み、流し込んで均すだけで平滑な床面となる。

セメント系	耐水性が高い アルカリ性のため防錆作用がある
せっこう系	耐水性がない 収縮クラックの心配がない

6
施工

- [ ] 下地コンクリート床面の**乾燥**を見計らい、十分に清掃し、セルフレベリング材の接着を妨げるものを取り除く。
- [ ] デッキブラシ等を用い、吸水調整材塗り2回を標準として行い、**乾燥**させる。
- [ ] 標準塗厚は、10mm程度とする。
- [ ] レベルに合わせて流し込み、必要に応じて、**均し道具**等を使用する。
- [ ] **硬化**するまでは、窓や開口部をふさぐ。その後は、自然乾燥状態とする。
- [ ] 養生期間は、7日以上、低温の場合は14日以上とし、表面仕上材の施工までの期間は、30日以内を標準とする。
- [ ] 打継ぎ部の突起は、**硬化後**、サンダー等で削り取る。

仕上塗材仕上げ よく出る

- [ ] 仕上塗材は、製造所において指定された色、**つや**等に調合する。
- [ ] 下塗材、主材及び上塗材は、**同一製造所の製品**とする。
- [ ] 複層仕上塗材の吹付け、ローラー塗り及びこて塗りは、**主材の塗付け時**に行う。
- [ ] **見本塗板**は、所要量又は塗厚が工程ごとに確認できるものとする。
- [ ] シーリング面に仕上塗材仕上げを行う場合、シーリング材が**硬化した後**に行い、塗重ね適合性を確認し、必要な処理を行う。
- [ ] コンクリート下地面の目違いは**サンダー**掛けで取り除く。
- [ ] コンクリート下地にセメント系**下地調整**塗材を、1～2mm程度全面に塗り付けて、平滑にする。ただし、スラブ下等の見上げ面及び厚付け仕上塗材仕上げ等の場合は、**省略**する。
- [ ] コンクリート下地の不陸調整厚さが3mmを超えて10mm以下の場合は、セメント系**下地調整厚**塗材を平滑に塗り付ける。

例題 1

コンクリート壁下地のセメントモルタル塗りに関する記述として、**最も不適当なもの**はどれか。

1.　下塗り、中塗り、上塗りの各層の塗り厚は、6mm 程度とした。
2.　上塗りの塗り厚を均一にするため、中塗り後、むら直しを行った。
3.　モルタルの 1 回の練混ぜ量は、60 分以内に使い切れる量とした。

解答 2

解説 むら直しは、下塗り後に行う。

例題 2

セルフレベリング材塗りに関する記述として、**最も不適当なもの**はどれか。

1.　セルフレベリング材の塗厚が大きくなりすぎないように、事前にモルタルで下地補修を行った。
2.　セルフレベリング材の流し込みは、吸水調整材塗布後、直ちに行った。
3.　塗厚が 10mm のセルフレベリング材の流し込みは、1 回で行った。

解答 2

解説 セルフレベリング材の流し込みは、吸水調整材が乾燥してから行う。

6

施工

▶▶
パパっとまとめ

建具の種類は多岐にわたる。出題傾向の高いアルミニウム製建具と鋼製建具を取り上げたが、過去には、樹脂製建具・木製建具・自動ドア・シャッターなども出題されている。建具に付属するものとして、建具金物・ガラスの出題もある。

アルミニウム製建具 よく出る

材料

☐ 補強材、力骨、アンカー等を鋼製とした場合は、亜鉛めっき等の**接触**腐食の防止措置を講ずる。

☐ 合成樹脂製の防虫網は、合成樹脂の線径は 0.25mm 以上、網目は 16～18 メッシュとする。

☐ アルミニウムに接する小ねじ等の材質は、**ステンレス**製とする。

☐ 建具枠の周囲に充填するモルタルは、容積比でセメント 1：砂 3 とする。

☐ 雨掛り部分の充填モルタルは、防水剤及び必要に応じて**凍結防止剤**入りとする。ただし、塩化物を主成分とする防水剤又は凍結防止剤は用いない。

☐ 充填モルタルに用いる砂の塩分含有量は、NaCl 換算で、0.04%（質量比）以下とする。

形状及び仕上げ

☐ アルミニウム板の厚さは、1.5mm 以上とする。

加工及び組立

☐ 枠、くつずり、水切り板等のアンカーは、両端から逃げた位置から、間隔 500mm 以下に取り付ける。

☐ 雨水浸入のおそれのある接合部には、シーリング材又は止水材を用いて**止水**処理を行う。

取付け

☐ コンクリート系下地に取り付ける場合は、くさびかい等により仮留め後、**サッシアンカー**をコンクリートに固定された鉄筋類に溶接又は**サッシアンカー**をコンクリートに固定された下地金物にねじ等で留め付ける。

☐ 屋内で、水掛り部分以外の場合は、**くさびかい**のままモルタルを充填することができる。

☐ くつずり、下枠等のモルタル充填の困難な箇所は、あらかじめ**裏面**に鉄線等を取り付けておき、モルタル詰めを行った後に取り付ける。

☐ 鉄骨造への枠の取付けは、**鉄骨**下地との間にくさび、平板等をはさみ込んで仮固定後、溶接、小ねじ留め等とする。

☐ 表面を**陽極酸化**被膜処理したアルミニウム部材が、アルカリ性材料と接する箇所は、耐アルカリ性の塗料を塗り付ける。

養生

☐ 表面を陽極酸化被膜処理したアルミニウムの軽度の汚れは、5～10%のエチルアルコールを加えた清水又は温水でふき取る。

☐ 取付けの際、建具の**養生**材の除去は最小限にとどめ、取付け後、復旧する。

6

施工

鋼製建具 よく出る

材料

□ 気密材は、**合成ゴム**（EPDM、クロロプレン等）又は**合成樹脂**（塩化ビニル等）の類とする。

形状及び仕上げ

□ 鋼製建具に使用する鋼板類の厚さ

区分			使用箇所	厚さ mm
窓	枠類		枠、方立、無目、ぜん板、額縁、水切り板	1.6
出入口	枠類		一般部分	1.6
			くつずり（ステンレス鋼板 HL 仕上）	1.5
	戸		框、鏡板、表面板	1.6
			特定防火設備で片面フラッシュ戸の場合又は框戸の鏡板	実厚 1.5 以上
			力骨	2.3
			中骨	1.6
	その他		額縁、添え枠	1.6
補強板の類				2.3 以上

加工及び組立

□ 溶融亜鉛めっき鋼板の溶接部、損傷部等は、塗装に先立ち、**錆止め**塗料で補修する。

□ 外部建具枠の上部隅は、**留め溶接**又は**縦延ばし胴付き**溶接とする。

□ 枠類のつなぎ補強板は、両端から逃げた位置から、間隔 **600**mm 以下に取り付ける。

□ **外部**に面するくつずりは、両端を縦枠より延ばし、裏面で溶接する。

□ 枠の丁番、ドアクローザー、ピボットヒンジ等が取り付く箇所の枠及び戸の裏面に**補強**板を取り付ける。

- [ ] 戸の表面板は、力骨及び中骨にかぶせ、溶接もしくは**小ねじ留**めとする。

- [ ] 戸の表面板は、中骨には溶接に代えて**構造用接合テープ**を用いる。

- [ ] 外部に面する両面フラッシュ戸は、**下部**を除き、三方の見込み部を表面板で包む。

- [ ] 力骨は戸の四周に設け、中骨の間隔は **300**mm 以下とする。

- [ ] 両面フラッシュ戸の表面板裏側部分（中骨、力骨等を含む）等の見え隠れ部分は**防錆塗装**を行わなくてよい。

- [ ] 鋼製建具の防錆塗装は、1回目を**製造所**で行い、2回目は**工事現場**において取付け後、塗膜損傷部を補修してから行う。

取付け

アルミニウム製建具に同じ。

☐ 建具金物

種類	内　容
シリンダー箱錠	デッドボルトとラッチボルトを個別に持ち、鍵とサムターンでデッドボルトを、把手でラッチボルトを作動する錠で、デッド・ラッチを組み込んでいる錠ケースが箱形のもの
本締り錠	デッドボルトだけを備えた錠で、ラッチボルトを持たない構造の錠。鍵又はサムターンで施解錠する
モノロック	内外の握り玉の同一線上に押しボタンやサムターン、シリンダーが組み込まれ、施解錠する
ピボットヒンジ	扉の吊元の上端と下端に付け、上下軸を支点に開閉する丁番。下部ヒンジは床に埋め込むタイプと縦枠付けするタイプがある
フロアヒンジ	扉の吊元の床に埋め込んで扉の荷重を支え、開けられたドアを適切なスピードで、ソフトに確実に閉める自閉装置
グラビティーヒンジ	扉側と枠側のヒンジ部の勾配を利用し、自重で自動的に閉まる又は開くようにした丁番
ドアクローザー	ドア上部に設置し、ドアを油圧によりゆっくりと自動的に閉めるための装置。防火戸の場合はストッパーなし

6

施工

キーシステム	内　容
マスターキーシステム	複数の異なる錠を別の1本の鍵で施解錠できるシステム
逆マスターキーシステム	複数の異なる鍵で特定箇所の錠を施解錠できるシステム
コンストラクションキーシステム	施工後にシリンダーを変更することなく、工事中に使用した鍵では施解錠できなくするシステム
同一キーシステム	複数の錠を同一のものとし、1本の鍵で施解錠できるシステム
単独キー	全ての錠が各々固有の鍵でのみ施解錠できるシステム

ガラス工事

□ 板ガラスの切断は、**クリアカット**とする。

□ 外部に面する網入り板ガラスの下辺小口及び縦小口下端から1/4の高さには、**防錆処置**を行う。

□ ガラスのはめ込みにシーリング材を用いる場合は、セッティングブロックを**敷き込む**。

□ 外部に面する複層ガラス、合わせガラス、網入り板ガラス及び線入り板ガラスを受ける下端ガラス溝には、径6mm以上の**水抜き孔**を2箇所以上設ける。

□ 外部に面するガラスにグレイジングチャンネルを巻き付ける際の継目の位置は、ガラスの**上辺中央**部とする。

□ 熱線反射ガラスは、**反射膜コーティング**面を室内側とする。

□ 型板ガラスは、**型模様**面を室内側とする。

例題 1

鋼製建具に関する記述として、**最も不適当なもの**はどれか。

1. さび止め塗装を 2 回塗りとするので、1 回目を工場で行い、2 回目を工事現場で行った。
2. 外部のくつずりの材料は、厚さ 1.5mm のステンレス製鋼板とした。
3. 4 方枠の気密材は、建具の気密性を確保するため、クロロプレンゴム製とした。
4. 枠のつなぎ補強板は、両端から逃げた位置から間隔 900mm に取付けた。

解答 4

解説 枠のつなぎ補強板の間隔は、600mm 以下とする。

例題 2

建具工事に関する記述として、**最も不適当なもの**はどれか。

1. 防水層と取り合う建具枠には、枠取付け形のピボットヒンジを用いることとした。
2. 片開き防火戸には、ストッパー付きのドアクローザーを用いることとした。
3. トイレブースの扉には、自重で自閉するグラビティーヒンジを用いることとした。
4. 外部に面する出入口の扉には、シリンダー箱錠を用いることとした。

解答 2

解説 防火戸にドアクローザーを設置する場合は、ストッパーなしとする。

6

施工

▶▶
パパっとまとめ

素地ごしらえ及び塗装における工程の順序、各工程で用いる材料についての出題が多いので、しっかり押さえておく必要がある。

施工一般

☐ 上塗用の塗料は、製造所において調色する。ただし、少量の場合は、同一製造所の塗料を用いて**現場**調色とすることができる。

☐ 塗料は、調合された塗料をそのまま使用する。ただし、素地面の粗密、吸収性の大小、気温の高低等に応じて、適切な**粘度**に調整することができる。

☐ ローラーブラシ塗りは、隅角部、ちり回り等を小ばけ又は専用ローラーを用い、全面が均一になるように塗る。

☐ **モヘア**のローラーブラシは、強溶剤系の塗料には不向きである。

☐ スプレーガンは、塗面に直角に向け平行に動かし、1 行ごとに吹付け幅が 1/3 ずつ重なるように吹付ける。

☐ **エアスプレー**による吹付け塗りは、圧縮空気に塗料を混合し、塗料を霧状に噴出させて塗装する方法。空気圧が高くなるに従い噴霧粒子は小さくなり、空気圧が低いと噴霧が粗く、塗面がゆず肌状になる。

☐ **エアレススプレー**による吹付け塗りは、塗料に圧力を掛けて強制的にノズルから噴出させて塗装する方法。高粘度、高濃度の塗料による厚膜塗装に適している。

□ 組立、取付け後及び工事の取合い上、塗装困難となる部分は、あらかじめ**仕上げ**塗りまで行う。

□ シーリング面に塗装仕上げを行う場合は、シーリング材が**硬化**した後に行うものとし、塗重ねの適合性を確認し、必要な措置を講ずる。

施工管理

□ 気温が **5**℃以下、湿度が **85**％以上、結露等で塗料の乾燥に不適当な場合は、塗装を行わない。

□ 塗料をふき取った布、塗料の付着した布片等で、**自然発火**を起こすおそれのあるものは、作業終了後、直ちに措置を講ずる。

素地ごしらえ　よく出る

□ 木部

	工程	内容
1	汚れ、付着物除去	木部を傷つけないように除去し、油類は、溶剤等でふき取る。
2	やに処理	削り取り又は電気ごて焼きのうえ、溶剤等でふき取る。
3	研磨紙ずり	かんな目、逆目、けば等を研磨する。
4	節止め	木部下塗用調合ペイント又はセラックニスを用い、節及びその周囲に、はけ塗りを行う。
5	穴埋め	割れ、穴、すき間、くぼみ等にパテを充填する。
6	研磨紙ずり	穴埋め乾燥後、全面を平らに研磨する。

□ 着色顔料を用いて着色兼用目止めをする場合は、はけ、へら等を用いて、着色顔料が塗面の木目に十分**充填**するように塗り付け、へら、乾いた布等で、色が均一になるように余分な顔料をきれいにふき取る。

6

施工

□ 着色剤を用いて着色する場合は、はけ等で色むらの出ないように塗り、塗り面の状態を見計らい、**乾いた布でふき取って、色**が均一になるようにする。

□ 素地面に、仕上げに支障のおそれがある著しい色むら、汚れ、変色等がある場合は、**漂白剤**等を用いて修正した後、水ぶき等により**漂白剤**等を除去し、十分に乾燥させる。

□ 鉄鋼面

	工程	内容
1	汚れ、付着物除去	スクレーパー、ワイヤブラシ等で除去
2	油類除去	弱アルカリ性脱脂剤で加熱処理後、湯又は水で洗う。又は、溶剤ぶき
3	錆落し	製作工場にて、酸漬け、中和及び湯洗いにより除去、又は、ブラスト法により除去 現場にて、ディスクサンダー、スクレーパー、ワイヤブラシ、研磨紙等で除去
4	化成被膜処理	製作工場にて、りん酸塩処理後、湯洗い乾燥

□ モルタル面

	工程	内容
1	乾燥	素地を十分に乾燥させる。
2	汚れ、付着物除去	素地を傷つけないように除去する。
3	吸込止め	合成樹脂エマルションシーラーを全面に塗り付ける。
4	穴埋め、パテかい	建築用下地調整塗材又は合成樹脂エマルションパテを用い、ひび割れ、穴等を埋めて、不陸を調整する。
5	研磨紙ずり	乾燥後、表面を平らに研磨する。
6	パテしごき	全面にしごき取り平滑にする。
7	研磨紙ずり	乾燥後、全面を平らに研磨する。

□ALC パネル面

工程		内容
1	乾燥	素地を十分に乾燥させる。
2	汚れ、付着物除去	素地を傷つけないように除去する。
3	吸込止め	合成樹脂エマルションシーラーを全面に塗り付ける。
4	下地調整塗り	建築用下地調整塗材を全面に塗り付けて平滑にする。
5	研磨紙ずり	乾燥後、表面を平らに研磨する。
6	パテしごき	全面にしごき取り平滑にする。
7	研磨紙ずり	乾燥後、全面を平らに研磨する。

□せっこうボード面・その他のボード面

工程		内容
1	乾燥	継目処理部分を十分に乾燥させる。
2	汚れ、付着物除去	素地を傷つけないように除去する。
3	穴埋め、パテかい	合成樹脂エマルションパテを用い、釘頭、たたき跡、傷等を埋め、不陸を調整する。
4	研磨紙ずり	乾燥後、表面を平らに研磨する。
5	パテしごき	全面にしごき取り平滑にする。
6	研磨紙ずり	乾燥後、全面を平らに研磨する。

□けい酸カルシウム板面の場合は、汚れ、付着物除去後、穴埋め、パテかいの前に**吸込止め**を全面に塗る。

各種塗装 よく出る

□合成樹脂調合ペイント塗り（SOP）の塗付け量は、下塗りと中塗り **0.09**kg/m^2、上塗り **0.08**kg/m^2 とする。

□屋内における木部合成樹脂調合ペイント塗りの目止めには、**合成樹脂エマルションパテ**を用いる。

□木部のクリヤラッカー塗り（CL）の塗料は、下塗りを**ウッドシーラー**、中塗りを**サンジングシーラー**、上塗りと仕上げ塗りを木材用**クリヤラッカー**とする。

□ 合成樹脂エマルションペイント塗り（EP）において、天井面等の見上げ部分は、**研磨紙ずり**を省略する。

□ 屋内の木部つや有合成樹脂エマルションペイント塗り（EP-G）の下塗り後のパテかいには、**耐水形**の合成樹脂エマルションパテを用いる。

□ オイルステイン塗り（OS）では、中塗り及び上塗り後に、全面をむらのないように**白木綿布片（ウエス）**で軽くふき取る。

□ オイルステイン塗りの色濃度の調整は**ペイントうすめ液（シンナー）**による。

□ オイルステイン塗りは、塗料を木材に浸み込ませ塗膜をつくらないため、**耐候性**に劣る。

例題 1

平成 30 年 後期 No.30

塗装の素地ごしらえに関する記述として、**最も不適当なもの**はどれか。

1. 鉄鋼面に付着した機械油の除去は、石油系溶剤を用いて行った。
2. 木部面の穴埋めは、節止めを行ってからパテを充填した。
3. せっこうボード面のパテかいは、合成樹脂エマルションパテを用いて行った。
4. モルタル面の吸込止めは、パテかいを行った後に、シーラーを全面に塗り付けた。

解答 4

解説 モルタル面の吸込止めは、パテかいの前に行う。

例題2

木部の塗装工事に関する記述として、**最も不適当なもの**はどれか。

1. オイルステイン塗りは、耐候性が劣るため、建築物の屋外には使用しなかった。

2. つや有合成樹脂エマルションペイント塗りの下塗り後のパテかいは、耐水形の合成樹脂エマルションパテを使用した。

3. クリヤラッカー塗りの下塗り材は、サンジングシーラーを使用した。

4. 木材保護塗料塗りにおいて、塗料は希釈せず原液で使用した。

解答 3

解説 クリヤラッカー塗りの下塗り材はウッドシーラーである。サンジングシーラーは、中塗りで使用する。

6

施工

▶▶ パパっとまとめ

各種床材の施工において、各工法の内容と注意事項を押さえる。床材によっては接合部の処理が独特であるので注意しよう。

フローリングボード張り よく出る

材料

☐ **単層フローリング**：1枚の板を基材としたもの

☐ **複合フローリング**：合板などを基材としたもの

根太張り工法

☐ 根太の上に直接、接着剤を併用して釘打ちで張り込む工法

☐ 単層フローリングの板厚 15mm 以上

☐ 複合フローリングの板厚 12mm 以上

☐ 根太上に接着剤を塗布し、根太に向け、雄ざねの付け根から隠し釘留めとする。

直張り工法（捨て貼り工法）

☐ 下張り用床板を張った上に、接着剤を併用して釘打ちで張り込む工法

☐ 単層フローリング、複合フローリングとも板厚 12mm 以上

☐ 下張り用床板の合板は、厚さ 12mm とし、長手方向を根太と直交に張り、受材心で突き付け、乱に継ぎ、釘打ち又は木ねじ留めとする。留付け間隔は、継手部は 150mm 程度、中間部 200mm 程度。

□ 下張り用床板とフローリングの継手位置が**合わない**ようにする。

□ 接着剤を下地に塗布し、隣接する板の短辺の継手がそろわないようにし、雄ざねの付け根から**隠し釘**留めとする。

接着工法

□ コンクリート又はモルタル下地に、**接着剤**を用いて張り込む工法

□ 集合住宅では、裏面に**遮音**性能のある素材を張り付けた複合フローリングが用いられる。

各工法共通事項

□ 壁、幅木、框及び敷居とフローリングの取合いには、必要に応じて、板の伸縮に備えた**すき間**（**エキスパンション**）を設ける。

□ 接着剤は、**エポキシ**樹脂系、**ウレタン**樹脂系又は変成シリコーン樹脂系とする。

□ 養生期間を経過した後、フローリング類に生じた目違いを**サンディング**して削り取る。

□ 施工済みのフローリングが吸湿、汚れ、直射日光、水掛りの影響を受けないように、ポリエチレンシートなどで**養生**する。

6
施工

カーペット敷き よく出る

カーペットの種類	工法の種類
ウィルトンカーペット	グリッパー工法
タフテッドカーペット	グリッパー工法
	全面接着工法
ニードルパンチカーペット	全面接着工法
タイルカーペット	全面接着工法（粘着はく離形）

全面接着工法

☐ 下地全面に**接着**剤を塗布してカーペットを**直接**張り付ける工法

☐ 接合部や端部での接着剤による補強や、**見切り・押さえ**金物の選択に注意する。

☐ タイルカーペットは、粘着はく離形（ピールアップタイプ）の接着剤を下地面に均一に塗布し、**市松**張りとする。

☐ タイルカーペットの目地は、フリーアクセスフロアの床パネルの目地とずらし、パネルの目地に**またがる**ように割り付ける。

グリッパー工法

下にフェルトなどのアンダーレイを敷き、壁際に固定した**グリッパー**のピンにカーペットを引っ掛けて固定する工法

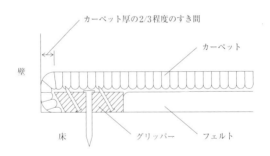

カーペット厚の2/3程度のすき間
壁
カーペット
床　グリッパー　フェルト

☐ グリッパーは、壁際からのすき間を**均等**にとって打ち付ける。

☐ 下敷き用フェルトは、すき間、段差がないように点付け接着し、端部はグリッパーに**重ねず、突き付けて**固定する。

☐ カーペットは、ニーキッカーを用いて、十分に**伸長**してからグリッパーに引っ掛ける。

接合部処理（ジョイント）

☐ 接合部となるカーペット端部は、**目通し**よく切断する。

☐ ウィルトンカーペットは切断面でのパイルの欠落が多いため、接着剤を塗布して**ほつれ止め**の措置を行う。

☐ 接合部は、カーペットの裏面から**ヒートボンドテープ**を用いてアイロンで加熱しながら**圧着補強**する。

☐ ウィルトンカーペットは、**ジョイント**部を手縫いで縫い合わせることもある。

ビニル床シート張り よく出る

☐ 湿気のおそれのある下地への張付けには、**エポキシ**樹脂系またはウレタン樹脂系接着剤を使用する。

☐ 施工時の室温が **5**℃以下になるおそれのある場合は、施工を中止するか、採暖を行って施工する。

☐ 床シートは、張付けに先立ち、仮敷きを行い、**巻きぐせ**を取る。

☐ 張付け前に、接合部、出入口際等は、**すき間**のないように切込みを行う。

☐ 柄印刷シートは、接合部で柄合せを行い、**重ね**切りする。

☐ 張付け用の接着剤は、所定の**くし目**ごてを用いて下地面へ均一に塗布する。

☐ 張付けは、**空気**を押し出すように行い、ローラーで圧着する。

6

施工

熱溶接工法（ジョイント部の溶接棒による一体化接合）

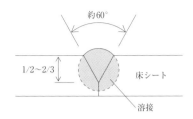

約60°

1/2〜2/3

床シート

溶接

- □ 溶接作業は、床シート張付け後 12 時間以上放置し、接着剤の硬化が進んでから行う。
- □ 接合部は、V 字又は U 字に溝を切る。角度は 60°、溝の深さはシート厚の 1/2〜2/3 程度とする。
- □ 溶接は**熱溶接機**を用い、床シートの溝と溶接棒を 180℃〜200℃の熱風で加熱溶融させて、**余盛り**ができる程度に圧着溶接する。
- □ 溶接完了後、溶接部が完全に**冷却**したのち、余盛りを削り取り平滑にする。

例題 1　　　　　　　　　　　　　　令和元年 前期 問 No.31 改題

　床のフローリング張りに関する記述として、**最も不適当なも**のはどれか。
1. 体育館の壁とフローリングボードの取り合いは、すき間が生じないように突き付けた。
2. 根太張り工法で釘打ちと併用する接着剤は、エポキシ樹脂系接着剤とした。
3. 根太張り用のフローリングボードは、根太上に接着剤を塗布し、雄ざねの付け根から隠し釘留めとした。

解答　1

解説 壁、幅木、框及び敷居とフローリングの取合いには、必要に応じて、板の伸縮に備えたすき間（エキスパンション）を設ける。

例題2

令和元年 後期 No.31 改題

カーペット敷きに関する記述として、**最も不適当なもの**はどれか。

1. タイルカーペットは、粘着はく離形の接着剤を用いて張り付けた。
2. 全面接着工法によるカーペットは、ニーキッカーを用いて、十分伸長させながら張り付けた。
3. グリッパー工法のグリッパーは、壁際からのすき間を均等にとって打ち付けた。

解答 2

解説 ニーキッカーを用いて、十分伸長させながら張り付ける工法は、グリッパー工法である。

例題3

平成30年 前期 No.31 改題

ビニル床シート張りに関する記述として、**最も不適当なもの**はどれか。

1. シートの張付けは、空気を押し出すように行い、その後ローラーで圧着する。
2. 熱溶接工法では、ビニル床シートを張り付け、接着剤が硬化した後、溶接を行う。
3. 熱溶接工法における溶接継目の余盛りは、溶接直後に削り取る。

解答 3

解説 溶接継目の余盛りを溶接直後に削り取ると、溶接部分が体積収縮を起こして肉やせの状態になり、へこむ場合がある。そのため、削り取るタイミングが大切で、濡れた布で表面を冷やすと比較的きれいに削り取ることができる。

▶▶ パパっとまとめ

平成 30 年に試験制度が改定され、施工分野の問題数が激減した。改訂前は毎年 1～2 題の出題があり、出題頻度は小さくなったが、改訂後も数回置きに出題されている。

せっこうボード張り よく出る

鋼製下地の場合

☐ 下地への留付け間隔は、ボードの中間部 200mm、周辺部 300mm とする。

☐ ドリリングタッピンねじは、鋼製下地の裏面に 10mm 以上の余長が得られる長さとし、頭がボードの表面より少しへこむように確実に締め込む。

コンクリート、ALC 等の下地の場合

☐ せっこう系接着材による直張り工法（GL 工法）とする。

☐ 下地に適したプライマーで処理し、乾燥させる。

☐ 接着材の 1 回の練混ぜ量は、1 時間程度で使い切れる量とする。

☐ 接着材の塗付け厚は、仕上げ厚の 2 倍とし、ダンゴ状に塗り付ける。

☐ 張付けは、ボードの濡れ防止のため、くさびをかって床面から浮かした状態で軽くたたきながら圧着し、さらに調整定木でたたきながら上下左右のレベルを合わせる。

施工一般

☐ 壁や開口部回りなどの**隅角**部には、動きによるひび割れや衝突による損傷防止のため、補強部材を用いる。

☐ 重ね張りを行う場合、上張りと下張りのジョイントが同位置にならないようにし、上張りは主に**接着剤**を用い、釘、ねじを併用して張り付ける。

☐ 継目部の一体性を確保するには、テーパーエッジのせっこうボードを用いた**継目**処理が望ましい。

壁紙張り

☐ 壁紙は組み合わせる下地材料の種類を条件に**防火**材料に認定されている。

☐ 接着性及び耐水性を補うため、でん粉系接着剤に**合成樹脂**系接着剤を混合した接着剤が用いられる。

施工方法

☐ 仕上げ後にかびの発生や**変色**を防ぐため、下地を十分に乾燥させる。

☐ 下地に使われたビスや釘の頭の**防錆**処理を行う。

☐ せっこうボード下地の場合は、継目部分に**パテ**処理を行う。

☐ 左官下地などの場合は、はけやローラーを用いて**シーラー**を全面にむらなく塗布する。

6
施工

> **シーラー処理の目的**
>
> 　接着性の向上
>
> 　下地のあくの浮き出し防止
>
> 　張替え時にはがしやすい下地をつくる等

- [ ] 高湿度になると壁紙がはがれやすくなるため、室内の温度や湿度が高い場合には通風や換気を行う。

- [ ] 室温が5℃以下になることが予想される場合には、採暖などの措置を講じるが、乾燥し過ぎると、収縮によるジョイントのはがれやすき間などが生じるため注意する。

- [ ] **割り付け**は、壁面の目立つ部位を優先し、目立たない部分で逃げる。

- [ ] 継目の施工は、下地がせっこうボードなどの場合は下地に刃物が当たり傷を付けると、ジョイントの目開きの原因となるので、**下敷き**を用いて重ね切りする。

- [ ] 重ね張りは**強い光**の入る側から張り出す。

- [ ] 張り終わった**部分ごと**に、表面についた接着剤を清浄な湿布などでふき取る。

- [ ] 張り上げ後は**急激**な乾燥を避けるため、直射日光や通風を避け、自然状態で十分に乾燥させる。

例題

平成 30 年 後期 No.31 改題

　壁のせっこうボード張りに関する記述として、**最も不適当なもの**はどれか。

1.　せっこう系接着材直張り用接着材の盛上げ高さは、接着するボードの仕上がり面までの高さとした。

2.　ボードの重ね張りは、上張りと下張りのジョイント位置が同一にならないように行った。

3.　せっこう系接着材直張り工法における張付けは、調整定規でボードの表面をたたきながら不陸がないように行った。

解答 1　　　**解説** 接着材の盛上げ高さは、接着するボードの仕上がり面までの高さの2倍とする。

> ▶▶ <u> パパっとまとめ</u>
> 毎年出題される問題ではないが、同じ設問肢が繰り返し出題されているので、各工事について一通り押さえておくと得点に結びつく。

カーテン工事

- [ ] カーテンの丈は、窓下 100〜150mm
- [ ] カーテンボックスの長さは、窓幅に対し片側各々100〜150mm
- [ ] カーテンボックスの奥行は、ダブル付けで 180mm 以上
- [ ] 中空に吊り下げるカーテンレールの吊り位置は、間隔 1m 程度、カーブ箇所及びジョイント部分とし、支持材に強固に取り付ける。
- [ ] カーテンレールに取り付けるランナーの数は 1m 当たり 8〜12 個。
- [ ] 遮光用カーテンは、遮光を確実にする寸法とする。
      左右両端は窓枠から 300mm 程度又は窓枠に固定
      両開きの場合は、中央召合せを 300mm 以上
      丈は窓の下枠から 400〜500mm

鉄筋コンクリート造断熱工事

押出法ポリスチレンフォーム打込み工法

- [ ] 断熱材と躯体が密着するため、内部結露が生じにくい。
- [ ] 打込み後のコンクリート面の確認が困難である。
- [ ] 断熱材の継目は、型枠の継目を避けて割り付ける。
- [ ] コンクリートの漏れを防ぐため断熱材の継目にテープを張る。
- [ ] セパレーターなどが断熱材を貫通する部分、窓枠まわりのモルタル詰めを行った部分には、断熱材の補修を行う。

6
施工

硬質ウレタンフォーム吹付け工法

☐ 吹付けた材料が発泡するため、平滑な表面が得にくく、施工者の技能による影響が**大きい**。

☐ 下地コンクリート面を十分に**乾燥**させた状態で吹付けを行う。

☐ 吹付け面に付着している油脂分は、**はく離**の原因となるため、吹付け前に除去する。

☐ ウレタンフォームが**厚く付き過ぎ**て支障となるところは、カッターナイフ等で表層を除去する。

☐ ウレタンフォームが所定の厚さに達していないところは、**補修吹き**を行う。

内装木工事

鉄筋コンクリート造の建物内の木工事

☐ **転ばし大引**は、アンカーボルトで取付ける。アンカーボルトは、あらかじめコンクリートに打ち込むか、あと施工アンカーとする。

☐ 湿気のおそれのあるコンクリート壁面への木れんがの取付けは、**エポキシ**樹脂系とする。

釘打ち

☐ 釘の長さは、打ち付ける板材の厚さの **2.5** 倍以上とする。

☐ 造作材の化粧面の釘打ちは、**隠し釘打ち**とする。

敷居・鴨居

☐ 和室の鴨居は、**目かすがい**で吊束へ釘打ちとする。

☐ 乾燥により、木材の性質として、木表に向かって反る傾向があることから、敷居、鴨居の溝じゃくりは、**木表**に行う。

削りしろ

□ 角材の削りしろは、片面削り 3mm、両面削り 5mm とする。

その他造作

□ さお縁天井の天井板は、継手位置を乱とし、さお縁心で**突付け**継ぎとする。

□ 幅木の出隅部分の取合いは、**見付け**留めとする。

□ 木製ドアの三方枠の戸当たりは、**つけひばた**とする。

例題　　　　　　　　　　　　　　　平成 29 年 前期 No.63 改題

　建物内部の断熱工事における硬質ウレタンフォームの吹付けに関する記述として、**最も不適当なもの**はどれか。

1. コンクリート面は、吹付け前に十分水湿しを行ってから、速やかに吹付けを行う。

2. ウレタンフォームが厚く付き過ぎて支障となるところは、カッターナイフなどで表層を除去する。

3. ウレタンフォームが所定の厚さに達していないところは、補修吹きを行う。

解答 1

解説 下地コンクリート面を十分に乾燥させた状態で吹付けを行う。

67 ALC パネル工事

学習 /

▶▶

パパっとまとめ

ALC パネルには外壁パネル、間仕切壁パネル、屋根パネル、床パネルなどがある。一般に、パネル短辺小口に寸法、裏表、許容荷重などの表示があり、これを確認して使用する。

壁パネル よく出る

□ **縦壁ロッキング構法**：上下端部に取付け金物を取り付けたパネルを、**各段ごと**に、構造体に固定した下地鋼材に取り付ける。横目地（短辺小口相互の接合部）、出隅・入隅部ならびに他部材との取合い部には**伸縮調整目地**を設ける。

□ **横壁アンカー構法**：パネルの左右端を、アンカー及び取付け金物で接合する。また、パネル積上げ段数 5 段以下ごとに ALCパネルの重量を支持する**自重受け金物**を設ける。縦目地（短辺小口相互の接合部）、出入隅部、自重受け金物を設けた横目地ならびに他部材との取合い部には**伸縮調整目地**を設ける。

□ **目地構造**：面内方向の躯体の挙動に追従できるよう、パネル間の目地シーリングは、2 面接着とする。

屋根パネル・床パネル よく出る

□ **敷設筋構法**：パネル間の目地部に、取付け金物と**鉄筋**を配置し、目地に**モルタル**を充填して取付ける構法。

□ **目地鉄筋**：パネルの長辺目地に、長さ 1,000mm の**目地鉄筋**を取付け金物（**スラブプレート**）の穴に通し敷設する。

□ **パネルの設置**：長辺は**突き合わせ**、短辺の接合部には 20mm程度の**目地**を設ける。

□ **かかり代**：支持部材への有効な・・・・かかり代は支点間距離の 1/75 以上、かつ **40mm** 以上とする。

□ **屋根パネルの設置方向**：屋根の水勾配に対してのパネルの敷き込み方向は、長辺が水勾配と**直角**になるようにする

□ **柱まわり**：柱まわりなどで、ALC パネルを**欠き込んで**敷き込む部分には、パネルを支持できる**下地鋼材**を設ける。

パネルの加工　よく出る

□ **壁、間仕切パネルの孔あけ**：孔径はパネル幅の **1/6** 以下とする。

□ **床、屋根パネルの孔あけ**：孔径は **50mm** 以下とする。

□ **防錆処理**：加工により露出した鉄筋は**防錆処理**を行う。

□ **補修用モルタル**：取付け用の座掘り部分などは、補修用モルタルで補修する。

例題　　　　　　　　　　　　　平成 29 年 前期 No.65

　　ALC パネル工事に関する記述として、**最も不適当なもの**はどれか。

1.　横壁アンカー構法において、パネル積上げ段数 5 段以下ごとに受け金物を設ける。
2.　外壁パネルに設ける設備配管用貫通孔の径は、パネル幅の 1/6 を超えないものとする。
3.　外壁パネルと間仕切りパネルの取合い部は、パネルどうしにすき間が生じないように突付けとする。
4.　パネル取付け用に施した座掘りによるパネルの凹部は、補修用モルタルにより埋め戻す。

解答 3

解説 パネルの取合い部には、伸縮目地を設けるためクリアランス（すき間）が必要となる。

6
施工

▶▶ パパっとまとめ

押出成形セメント板（以下パネルという）は、中空層をもつ
セメント板で、外壁や間仕切壁に用いられる。パネルに表示
された寸法や表裏などの情報を確認し使用する。

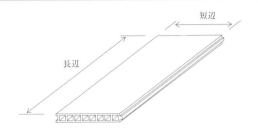

外壁パネル よく出る

☐ **縦張り工法**：パネルの長辺を垂直方向にして、各段ごとに構造
体に固定した**下地鋼材**に取り付ける工法。

☐ **横張り工法**：パネルの長辺を水平方向にして、積上げ枚数 3 枚
以下ごとに構造体に固定した**自重受け金物**で受け、下地鋼材に
取り付ける工法。

☐ **パネル幅**：パネル幅の最小限度は、原則として、**300**mm とす
る。

☐ **取付け金物（Z クリップ）**：Z クリップは、下地鋼材に **30**mm
以上のかかり代を確保し、取付けボルトが Z クリップの**ルー
ズホール**の中心に位置するように取り付ける。

（縦張り工法の場合） Z クリップは、パネルが**ロッキング**できる
ように取り付ける。また、パネル上部に取り付ける Z クリップ
は、回転防止のため、**溶接**とする。

（横張り工法の場合）Ｚクリップは、パネルが**スライド**できるように取り付ける。また、回転防止のため、**溶接**とする。

☐ **パネル相互の目地**：パネル間の目地幅は、通常、長辺の目地幅は8mm以上、短辺の目地幅は15mm以上とする。

☐ **出隅及び入隅のパネル接合目地**：**伸縮調整目地**とする。通常、目地幅は15mm程度とし、シーリング材を充填する。

☐ **パネルの欠き込み・孔あけ**：長辺方向に500mm以下、短辺方向にパネル幅の1/2以下、かつ300mm以下とする。ただし、切断後のパネルの残り部分の幅は300mm以上を確保する。（孔あけの場合の短辺のみ150mm以上を確保する。）また、孔あけには専用の穿孔ドリルを用いる。

☐ **パネルの補修**：パネル**強度**に影響がある欠陥品は、原則パネル交換とするが、軽微な欠けなどは指定の補修材で補修する。

例題
令和元年 前期 No.32

外壁の押出成形セメント板張りに関する記述として、**最も不適当なもの**はどれか。

1. パネルの取付け金物（Ｚクリップ）は、下地鋼材にかかり代（しろ）を30mm以上確保して取り付けた。
2. パネルの取付け金物（Ｚクリップ）は、取付けボルトがルーズホールの中心に位置するように取り付けた。
3. 幅600mmのパネルに設ける欠込み幅は、300mmとした。
4. 工事現場でのパネルへの取付けボルトの孔あけは、振動ドリルを用いて行った。

解答 4

解説 押出成形セメント板への穴あけは振動ドリルを用いると、割れや剥離を起こすおそれがある。専用の穿孔ドリルを用いる。

外部改修では、劣化の種類と改修工法について出題される。
内部改修では、既存の床仕上げ材の撤去方法、軽量鉄骨下地
の改修方法について出題される。

外部仕上げ改修 よく出る

□ 劣化と改修工事の組合せ

モルタルの浮き タイルの浮き	アンカーピンニング部分エポキシ樹脂注入 工法等
コンクリート打放し面のひび割れ モルタルのひび割れ	自動式低圧エポキシ樹脂注入工法等 U カットシール材充填工法 シール工法
シーリングの劣化	ブリッジ工法（打ち増し） 再充填工法（打ち替え）
スチールサッシの劣化	かぶせ工法 撤去工法
複層仕上塗材の塗膜劣化	サンダー工法 高圧水洗工法 塗膜はく離剤工法 水洗工法

アンカーピンニング部分エポキシ樹脂注入工法

□ 浮き部分に使用するアンカーピンの本数は、一般分部で 16 本
/m² とする。

□ アンカーピン固定部の穿孔は、コンクリート用ドリルを用い、
使用するアンカーピンの直径より 1～2mm 大きい直径とし、
壁面に対し**直角**に行う。

□ 穿孔の深さは、構造体コンクリート面から 30mm 程度の深さ
に達するまで行う。

□ 穿孔後は、孔内をブラシで清掃し、圧搾空気で接着の妨げとなる**切粉**を除去する。

□ アンカーピン固定用エポキシ樹脂は、手動式注入器を用いて、孔の**最深部**から徐々に充填する。

□ アンカーピンに固定用エポキシ樹脂を塗布し、**気泡**の巻込みに注意して最深部まで挿入する。

□ 目立たぬ色の**パテ状エポキシ樹脂**等で仕上げる。

アスファルト防水改修工事の既存撤去と下地処理

□ 既存の保護コンクリートは、ハンドブレーカー等を使用し、**取合い**部の仕上げ材や躯体に損傷を与えないように撤去する。

□ 平場及び立上り部の既存防水層は、既存下地に損傷を与えないように撤去する。

□ ルーフドレン回りは、既存の保護層と防水層を撤去し、ポリマーセメントモルタルで、勾配 1/2 程度に仕上げる。

□ 下地コンクリート面の軽微なひび割れは、シール材で補修する。ひび割れ幅が 2mm 以上の場合は、U カットのうえ、ポリウレタン系シーリング材等を充填する。

内部仕上げ改修 よく出る

既存床仕上材の撤去方法

□ ビニル床シート等の除去は、**カッター**等で切断し、**スクレーパー**等により他の仕上げ材に損傷を与えないよう行う。接着剤等は、**ディスクサンダー**等により、新規仕上げの施工に支障のないよう除去する。

- 合成樹脂塗床材の機械的除去工法は、**ケレン棒、電動ケレン棒、電動はつり器具、ブラスト機械**等により除去する。除去範囲は、下地がモルタル塗りの場合はモルタル下地共、コンクリート下地の場合はコンクリート表面から 3mm 程度とする。
- モルタル埋込み工法によるフローリングは、**電動はつり器具、のみ**等により、フローリングとモルタル部分をはつり取り、切片等を除去する。
- 乾式工法によるフローリングは、**丸のこ**等で適切な寸法に切断し、**ケレン棒**等ではがし取る。
- 磁器質床タイルの張替え部は、**ダイヤモンドカッター**等で存置部分と縁切りをし、タイル片を**電動ケレン棒、電動はつり器具**等により撤去する。

軽量鉄骨下地の改修

- 天井下地において、既存の埋込みインサートを使用する場合は、確認強度以上で**あと施工アンカー**を引張り、抜けないことを確認する。
- 新たに吊りボルト用あと施工アンカーを設ける場合は、十分**耐力**のあるものとする。
- **溶接した箇所には錆止め塗料を塗り付ける。**
- 新たに設ける下地材の**高速カッターによる切断面**には、亜鉛の犠牲棒食作用が期待できるため、錆止め塗装は行わなくてよい。

7

第7章

施工管理

70 仮設計画

▶▶ パパっとまとめ
施工計画の検討事項として、仮設備や仮囲い、建物等の仮設計画が重要な項目となる。

仮設備

☐ **仮設備**は、構造計算等により安全なものを使用し、労働安全衛生法等の法規に適合したものとする。

☐ 仮設備の検討は、設置、維持から撤去、後片付けまでを含める。

仮設建物　よく出る

☐ **工事用事務所**は、原則、作業場内に設置するがやむを得ず離れた場所に設置する場合は出先連絡所を設置する。

☐ **作業員詰所**は、工事用事務所の近くで連絡や管理がしやすい場所で、職種や作業員の増減に対応した大部屋方式とする。

☐ **守衛所**は、出入口が数箇所となる場合は、メインの出入口に設置、その他は立哨所程度とする。

☐ ボンベ等の貯蔵小屋は、周囲から離れた場所で、ガス漏れ等で充満しないように**密閉**はしない。

仮囲い

☐ 高さ 1.8m 以上の**板塀**方式で、合板パネル、鋼板製、有刺鉄線を使用し、工事期間に見合った耐力と、転倒しない構造とする。

☐ **出入口**位置は、通行人の安全や交通への支障がなく、隣接道路や建物の配置を考慮して決定する。

仮設電気・水道

☐ 仮設電気は、配電線からの引込みが容易であり、仮設水道は、水道本管に近く、引込み管を短くできる位置とする。

☐ 工事用電力は、3kw 未満は**臨時**電灯、3kw～50kw 未満は**低圧電力**、50kw 以上は**高圧受電**とする。

材料の保管 よく出る

建設材料の保管に関しては、各材料ごとに下記の内容とする。

項目	内容
セメント	風が通らない乾燥した場所に 10 袋以下に積み重ねる。
アスファルトルーフィング	湿気の影響の少ない場所に、一巻ずつ立て置きする。
接着剤	換気のよい場所に保管する。
シーリング材	直射日光、雨露の当たらない場所に密封して保管する。
型枠合板	風通しのよい日陰、乾燥する場所に保管する。
ブロック	立て積みにして保管する。
高力ボルト	温度変化の少ない湿気がない場所に 3 段以下の箱重ねとする。
板ガラス・ドア	枕木を置き、端部を固定して立て置きする。
ACL パネル	枕木を置き、高さ 1m 以内の平積みで 2 段以下とする。

例題 1

平成 29 年 前期 No.27

仮設計画に関する記述として、**最も不適当なもの**はどれか。

1. 工事現場の敷地周辺の仮囲いに設ける通用口の扉は、内開きとすることとした。

2. 作業員詰所は、職種数や作業員の増減に対応するため、大部屋方式とすることとした。

3. 所定の高さを有し、かつ、危害を十分防止し得る既存の塀を、仮囲いとして使用することとした。

4. 工事ゲートの有効高さは、鉄筋コンクリート造の工事のため、最大積載時の生コン車の高さとすることとした。

7

施工管理

解答 4

解説 最大積載時の生コン車は重い状態なので**車高**は下がっており、工事ゲートの**有効高さ**としては適当でない。生コン車を基準とする場合は空荷状態を考慮すべきである。

例題2　　　　　　　　　　　　　　　　　平成 29 年 後期 No.27

　仮設計画に関する記述として、**最も不適当なもの**はどれか。

1.　敷地に余裕がなく工事用の事務所を工事現場から離れて設置するので、工事現場内に出先連絡所を設けることとした。

2.　酸素やアセチレンなどのボンベ類の貯蔵小屋は、ガスが外部に漏れないよう、密閉構造とすることとした。

3.　工事用の出入口の幅は、前面道路の幅員を考慮して計画することとした。

4.　工事用の出入口を複数設置するので、守衛所はメインの出入口に設置し、その他は警備員だけを配置することとした。

解答 2

解説 酸素やアセチレンなどのボンベ類等の貯蔵小屋は密閉構造ではなく、**通風・換気**が十分に行える**不燃性**材料でつくった物にしなければならない。

例題3　　　　　　　　　　　　　　　　　平成 29 年 後期 No.28

　工事現場における材料の保管に関する記述として、**最も不適当なもの**はどれか。

1.　鉄筋は、直接地面に接しないように角材等の上に置き、シートをかけて保管する。

2.　袋詰めセメントは、風通しのよい屋内の倉庫に保管する。

3. アルミニウム製建具は、平積みを避け、縦置きにして保管
   する。
4. ロール状に巻かれた壁紙は、変形が生じないよう立てて保
   管する。

解答 2

解説 袋詰めセメントは、<u>湿気</u>を与えてはならず、風が<u>通らない乾燥</u>した場所に 10 袋以下に積み重ねる。

例題 4　　　　　　　　　　　　　　　　平成 30 年 前期 No.35

工事現場における材料の保管に関する記述として、**最も不適当なもの**はどれか。

1. 型枠用合板は、直射日光が当たらないよう、シートを掛けて保管する。
2. 木毛セメント板は、平滑な床の上に枕木を敷き、平積みで保管する。
3. 砂は、周辺地盤より高い場所に、置場を設置して保管する。
4. ロール状に巻いたカーペットは、屋内の乾燥した場所に、縦置きにして保管する。

解答 4

解説 防水のルーフィング（長さ 1 m 程度）などロール状に巻いた材料は基本的に湿気の影響の少ない場所に、一巻ずつ縦置きするが、カーペットのように巻いた状態で 3〜4 m ある場合は縦に置くと折れ曲がったりするので横置きとする。

▶▶ **パパっとまとめ**

施工計画とは、建築物を種々の条件の中で、安全かつ的確に施工する方法を策定することであり、品質管理、安全管理、工程管理を主として、原価管理、労務管理、環境保全管理も含まれる。

施工管理項目

☐ **品質管理**：施工手段を確認、修正しながら、所定の品質・形状の建築物を築造することを目的として管理する。

☐ **安全管理**：労働者や第三者に危険が生じないように、安全管理体制の整備、各種工事の危険防止対策、現場の整理整頓、安全施設の整備等を目的として管理する。

☐ **工程管理**：工事の進捗状況を調べ、遅れや進みすぎがある場合は、その原因を調査し、対策を立てることを目的として管理する。

事前調査 よく出る

☐ 工事に先立ち事前調査を行い、その結果に基づいて工事全般の施工内容、施工方法、仮設計画及び工程について記載した**施工計画書**を作成する。調査項目及び内容は下表のとおりである。

項目	内容
地形・地質	地形状況、周辺民家、土質、地下水、支持層
気象・水文	降雨、積雪、風、気温、日照、地震
電力・水	工事用電源、工事用取水
交通状況	道路状況、通学路、交通規制、行事、催し
環境・公害	騒音、振動、廃棄物、地下水
用地・利権	用途地域、境界、建蔽率
労力・資材	労働者確保、下請業者、価格、支払条件
施設・建物	事務所、病院、機械修理工場、警察、消防

例題 1

　事前調査や準備作業に関する記述として、**最も不適当なもの**はどれか。

1.　敷地境界標石があったが、関係者立会いの上、敷地境界の確認のための測量を行うこととした。

2.　地業工事で振動が発生するおそれがあるため、近隣の商店や工場の業種の調査を行うこととした。

3.　相互チェックできるように木杭ベンチマークを複数設けたため、周囲の養生柵を省略することとした。

4.　既存の地下埋設物を記載した図面があったが、位置や規模の確認のための掘削調査を行うこととした。

解答 3

解説 ベンチマークは絶対に動かないようにする必要があり、複数設けた場合はどれが基準になるのかわからなくなるので、絶対に動かない既存築造物などに設けることが望ましい。

例題 2

　事前調査と施工計画の組合せとして、最も関係の少ないものはどれか。

1.　近隣の商店や工場の業種の調査 ———— 解体工事計画

2.　前面道路や周辺地盤の高低の現状調査 — 根切り工事計画

3.　敷地内の地中障害物の有無の調査 ———— 場所打ちコンクリート杭工事計画

4.　日影による近隣への影響調査 ———— 鉄骨建方計画

解答 4

解説 日影による近隣への影響調査は建築物の計画段階で必要となり、鉄骨建方計画との関係は少ない。

7

施工管理

▶▶ パパっとまとめ

工事の申請、届出書類は、関係法規等により定められている。
【建築】：建築基準法、【労働安全】：労働安全衛生法、労働安全衛生規則、【道路】：使用─道路交通法、占用─道路法、【消防】：消防法、火薬類取締法、【環境】：騒音・振動規制法、建設リサイクル法

□ 申請・届出 　よく出る

	申請・届出書類	提出先	備考
建築	建築確認申請	建築主事	準用工作物を含む仮設物は除外
	建築工事届	都道府県知事	10m² を超えるもの
	建築物除却届	都道府県知事	10m² を超えるもの
	完了検査申請	建築主事	
労働安全	建設工事計画	労働基準監督署長	高さ 31m を超える建築物
	建設工事計画	厚生労働大臣	高さ 300m を超える塔の建設
	機械・設備の設置届	労働基準監督署長	クレーン、リフト、足場等
道路	道路使用許可申請	警察署長	電柱、電線、水道管等の設置
	道路占用許可申請	道路管理者	掘削、仮囲い、工事車両
消防	危険物設置許可申請	都道府県知事	
	消防設備等着工届	消防署長	
	消防設備等設置届	消防署長	
環境	特定建設作業実施届	市町村長	指定区域において
	特定施設設置届	都道府県知事	ボイラー等
	解体工事届	都道府県知事 市区町村長	特定建設資材を用いた建築物 （建築主事を置く市区町村長）

例題 1

建築工事に係る申請や届出等に関する記述として、**最も不適当なもの**はどれか。

1. 延べ面積が $20m^2$ の建築物を建築するため、建築工事届を知事に届け出た。
2. 耐火建築物に吹き付けられた石綿等の除去作業を行うため、建設工事計画届を労働基準監督署長に届け出た。
3. 積載荷重が $1t$ の仮設の人荷用エレベーターを設置するため、エレベーター設置届を労働基準監督署長に提出した。
4. 歩道に工事用仮囲いを設置するため、道路占用の許可を警察署長に申請した。

解答 4

解説 道路に工事用仮囲いを設置する等して、道路を占有する場合は、道路占有の許可を**道路管理者**に申請する。

例題 2

建築工事に係る提出書類とその提出先又は届出先に関する記述として、**不適当なもの**はどれか。

1. 現場で常時 15 人の労働者が従事するため、特定元方事業者の事業開始報告を知事に提出した。
2. 道路上にコンクリートポンプ車を駐車して作業するため、道路使用許可申請書を警察署長に提出した。
3. 延べ面積が $20m^2$ の建築物を除却するため、建築物除却届を知事に届け出た。
4. 吊り上げ荷重が $3t$ のクレーンを設置するため、クレーン設置届を労働基準監督署長に提出した。

解答 1

解説 特定元方事業者の事業開始報告は、**労働基準監督署長**に提出する。

73 工程管理・工程計画策定

> ▶▶ パパっとまとめ
>
> 工程管理の目的は、工期、品質、経済性の3条件を満たす合理的な工程計画を作成するもので、安全、品質、原価管理を含めた総合的な管理手段であり、進度、日程管理だけを行うことが目的ではない。

□ 工程管理手順

下記のような PDCA サイクルを回すことが基本である（75 品質管理の基本も参照）。

Plan（計画）：工程計画 → Do（実施）：工事 →
Check（検討）：計画と実施の比較 → Act（処置）：工程修正

□ 工程計画の作成手順

工程計画は下記の手順に基づいて検討し、作成する。

①工程の施工手順の検討 → ②適切な施工期間の策定 →
③工種別工程の相互調整を図る →
④忙しさの程度の均等化を図る →
⑤工期内完了に向けての工程表作成

□ 工程計画策定における検討事項

工程計画策定においては、施工計画における、事前調査項目の結果を反映させる。

項目	内容
気象・天候	工事地域の降水量、積雪量、風速等のデータを収集し、天候による作業への影響日数を考慮する。
交通・周辺状況	通学路等の交通規制時間、現場周辺の行事や催しの日程を確認し、工事への影響を考慮する。
労力・資材	工事地域における労力、資材、機材の調達状況をあらかじめ調査し、工程計画に反映する。

□ 総合工程表 よく出る

全体工程表、基本工程表とも呼ばれ、各工事を総合的に組合せ、施工順序を期間に併せて表示するものである。**総合工程表**によって全ての工事の施工時期や工事相互の関係が把握できるようにする。

□ マイルストーン（管理日）

作業工程の進捗を管理するために途中で設ける節目を表す言葉で、道路などに置かれ距離を表示する標識のことである。ネットワーク式工程表におけるクリティカルパス上の作業は、他の作業との並行作業が困難であり、マイルストーン（管理日）として重要度が高い。

例題 1
平成 29 年 後期 No.29

総合工程表の立案段階における考慮すべき事項として、**最も必要性の少ないもの**はどれか。
1. 使用可能な前面道路の幅員及び交通規制の状況
2. 地域による労務、資材、機材等の調達状況
3. 各専門工事の検査項目と重点管理事項
4. 敷地周辺の電柱、架線、信号機、各種表示板等の公共設置物の状況

解答 3
解説 総合工程表は、全ての工事の施工時期や工事相互の関係を把握するためのもので、各専門工事の検査項目と重点管理事項との関連性は低い。

例題 2

総合工程表の立案段階で計画すべきこととして、**最も不適当なもの**はどれか。

1. 鉄骨工事の工程計画では、建方時期に合わせた材料調達、工場製作期間を計画する。
2. 総合工程表の立案に当たっては、最初に全ての工種別の施工組織体系を把握して計画する。
3. マイルストーン（管理日）は、工程上、重要な区切りとなる時点などに計画する。
4. 上下階で輻輳する作業では、資材運搬、機器移動などの動線が錯綜しないように計画する。

解答 2

解説 総合工程表は最も基本的な全体工程表のことで、個々の工種の仔細まで考慮する必要はない。

例題 3

新築工事における全体工程管理上のマイルストーン（管理日）を設定する場合において、マイルストーン（管理日）として**最も重要度の低いもの**はどれか。ただし、鉄筋コンクリート造の一般的な事務所ビルとする。

1. 掘削床付け完了日
2. 最上階躯体コンクリート打設完了日
3. 内装断熱材吹付け工事開始日
4. 受電日

解答 3

解説 マイルストーンとは中間管理日・中間目標のことで、進捗状況を把握するために重要なポイントであるので、作業開始日や終了日の重要な区切りである。内装断熱材吹付け工事開始日は、一連の流れの作業なので、選択肢中、最も適当でない。

例題 4　　　　　　　　　　　　　　　令和元年 前期 No.36

建築工事の工程計画及び工程管理に関する記述として、**最も不適当なもの**はどれか。

1. 工事に必要な実働日数に作業休止日を考慮した日数を、暦日という。

2. 工程計画は、所定の工期内で、所定の品質を確保し、経済的に施工できるよう作成する。

3. 作業員や資機材等の投入量が一定量を超えないように工程を調整することを、山崩しという。

4. 横軸に工期を取り、出来高累計を縦軸とした進捗度グラフは、一般に直線となる。

解答 4

解説 横軸に工期を取り、出来高累計を縦軸とした進捗度グラフは、一般にS字型となる。

▶▶ パパっとまとめ

工程計画においては、建築工事の種類、規模等により適した
工程表を作成する。

□ガントチャート工程表（横線式） よく出る

縦軸に工事名（作業名）、横軸に作業の進捗度を%で表示する。各
作業に必要な日数は不明で、工期に影響する作業も不明である。

作業 ＼ 達成度[%]	10	20	30	40	50	60	70	80	90	100
準　備　工										
支　保　工　組　立										
型　枠　製　作										
鉄　筋　加　工										
型　枠　組　立										
鉄　筋　組　立										
コンクリート打設										
コンクリート養生										
型枠・支保工解体										
後　片　付　け										

▬▬ 予定　　▬▬ 実施（50%終了時）

□バーチャート工程表（横線式）

ガントチャートの横軸の進捗度を日数にして表示する。漠然とした
作業間の関連は把握できるが、工期に影響する作業は不明である。

作業 ＼ 日数	所要日数	10	20	30	40	50	60
準　備　工	15						
支　保　工　組　立	11						
型　枠　製　作	13						
鉄　筋　加　工	11						
型　枠　組　立	4						
鉄　筋　組　立	4						
コンクリート打設	2						
コンクリート養生	14						
型枠・支保工解体	2						
後　片　付　け	2						

▬▬ 予定　　▬▬ 実施（着手後30日現在）

□ネットワーク式工程表

各作業の開始点（イベント）と終点（イベント）を矢線（アロー）→で結び、矢線の上に作業名、下に作業日数を書き入れアクティビティとして表す。全作業のアクティビティを連続的にネットワークとして表示したもので、作業進度と作業間の関連も明確となる。

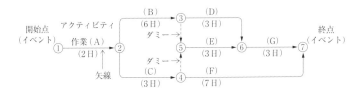

□累計出来高曲線工程表（Ｓ字カーブ）

縦軸に工事全体の累計出来高（％）、横軸に日数（％）をとり、出来高を曲線に表す。毎日の出来高と、日数の関係は左右対称の山形、予定工程曲線はＳ字形となるのが理想である。

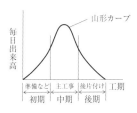

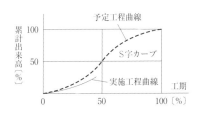

例題 1

平成 26 年 No.29

工程管理に関する記述として、**最も不適当なもの**はどれか。

1. バーチャート工程表は、各作業の関連が示されていないので、クリティカルパスが明確になりにくい。

2. 山積工程表は、同種の作業を複数の工区や階で繰り返し実施する場合、作業の所要時間を一定にし、各作業が工区を順々に移動しながら作業を行う手順を示した工程表である。

3. 出来高工程表は、工事の進捗に従って発生する出来高の累積値を縦軸に取り横軸には時間軸を取って、出来高の進捗を数量的にかつ視覚的に示した工程表である。

4. ネットワーク工程表は、作業の順序関係や開始・終了時刻を明確にしたもので、きめこまかな施工計画が得られ、工程の変化に対応しやすい。

解答 2

解説 山積工程表は、必要になる作業人員などが、いつ、どれだけ必要かを把握するために用いるものである。設問の工程表は**タクト工程表**という。

例題 2

平成 29 年 前期 No.30

バーチャート工程表に関する記述として、**最も不適当なもの**はどれか。

1. 工事を構成する各作業を縦軸に記載し、工事の達成度を横軸にして表す。

2. 各作業の開始時期、終了時期及び所要期間を把握することができる。

220

3. 縦軸に記載する作業は、職種や工種ごとにまとまるように配置し、関連する作業を把握しやすいようにする。

4. 先行作業の遅れが後続作業の工程にいかに影響を与えるかが、不明確になりがちである。

解答 1

解説 工事を構成する各作業を縦軸に記載し、工事の達成度を横軸にして表すのは、**ガントチャート工程表**である。

バーチャート工程表は、進捗度を日数にして**横軸**に表す。

例題3

バーチャート工程表に関する記述として、**最も不適当なもの**はどれか。

1. 各作業の全体工期への影響度が把握しにくい。

2. 各作業の開始時期、終了時期及び所要期間を把握しやすい。

3. 工程表に示す作業を増やしたり、作業を細分化すると、工程の内容が把握しやすくなる。

4. 主要な工事の節目をマイルストーンとして工程表に付加すると、工程の進捗状況が把握しやすくなる。

解答 3

解説 バーチャート工程表は表の作成や修正が容易であり、工期の明確化ができる一方、作業の相互関係や手順が不明確である。そのため、作業項目が少ない、短期の工事や単純な工事で用いられるのが一般的であり、作業を増やしたり、作業の細分化には適さない。

7

施工管理

▶▶ パパっとまとめ

品質管理を行う手順は、**PDCA サイクル**に基づき、計画・
実施・検討・処置の順で行われる。

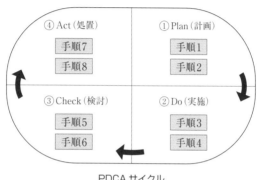

④ Act（処置）

手順7
手順8

① Plan（計画）

手順1
手順2

③ Check（検討）

手順5
手順6

② Do（実施）

手順3
手順4

PDCA サイクル

品質管理手順 よく出る

☐ Plan（計画）

①管理する品質特性を決め、その特性について品質標準を定める。

②品質標準を守るための（作業の方法）を決める。

☐ Do（実施）

③作業標準に従って施工を実施する。

④作業標準（作業の方法）の周知徹底を図る。

☐ Check（検討）

⑤ヒストグラムにより、データが品質規格を満足しているかを確かめる。

⑥同一データにより管理図を作成し、工程が安定しているかを確かめる。

□ Act（処置）

⑦工程に異常が生じた場合に、原因を追及し、再発防止の処置をとる。

⑧期間経過に伴い、最近のデータにより、手順⑤以下を繰り返す。

品質特性の選定条件 よく出る

□ 工程の状態を**総合**的に表すもの。

□ 構造物の**最終**の品質に重要な影響を及ぼすもの。

□ 選定された品質特性（代用特性も含む）と**最終**品質の関係が明らかなもの。

□ 測定が**容易**に行える特性であること。

□ 工程に対し容易に**処置**がとれること。

品質条件の決定 よく出る

□ 施工に際して実現しようとする品質の**目標**とする。

□ 品質の**ばらつき**の程度を考慮して余裕をもった品質を目標とする。

作業標準（作業方法）の決定 よく出る

□ 過去に施工した**同種**条件の実績、経験及び実験結果をふまえて決定する。

□ 工程に異常が発生した場合でも、**安定**した工程を確保できる作業の手順、手法を決める。

□ 標準は明文化し、今後のための技術の**蓄積**を図る。

令和元年 後期 No.38

品質管理に関する記述として、**最も不適当なもの**はどれか。

1. 品質管理とは、工事中に問題点や改善方法などを見出しながら、合理的、かつ、経済的に 施工を行うことである。

2. PDCAサイクルを繰り返すことにより、品質の向上が図れる。

3. 作業そのものを適切に実施するプロセス管理に重点をおくより、試験や検査に重点をおく方が有効である。

4. 施工の検査に伴う試験は、試験によらなければ品質及び性能を証明できない場合に行う。

解答 3

解説 品質管理は、試験や検査に重点をおくよりも、作業そのものを適切に実施するプロセスを重視した方が有効である。

例題2

平成30年 後期 No.38

次の用語のうち、品質管理に**最も関係の少ないもの**はどれか。

1. ばらつき

2. ロット

3. マニフェスト

4. サンプリング

解答 3

解説 マニフェストは、環境管理における**産業廃棄物管理票**の用語である。

例題3

品質管理に関する記述として、**最も不適当なもの**はどれか。

1. 試験とは、性質又は状態を調べ、判定基準と比較して良否の判断を下すことである。

2. 施工品質管理表（QC 工程表）には、検査の時期、方法、頻度を明示する。

3. 工程内検査は、工程の途中で次の工程に移してもよいかどうかを判定するために行う。

4. 品質計画に基づく施工の試験又は検査の結果を、次の計画や設計に生かす。

解答 1

解説 **試験**とは、供試体について特性を調べることであり、性質又は状態を調べ、判定基準と比較して良否の判断を下すことは、**検査**のことである。

例題4

次の用語のうち、品質管理に**最も関係の少ないもの**はどれか。

1. ISO 9000 ファミリー

2. PDCA

3. QA 表

4. SMW

解答 4

解説 SMW は、山留め工事における**ソイルミキシングウォール**のことである。

▶▶ **パパっとまとめ**

品質管理における検査は、各工種について「公共建築工事標準仕様書（建築工事編）」により定められている。

抜取検査

☐ **ロット単位**（同一条件のもとで生産されたかたまり）で製品の合否を決める。

☐ 合格したロットの中に、**不良品の混入が許容**できる。

☐ 資料がロットの**代表**として公平、ランダムに採取できる。

☐ **品質検査**基準、**抜取**検査方式が明確である。

コンクリート検査 よく出る

☐ **レディーミクスト**コンクリートの受入れ時の検査は、強度、スランプ、空気量、塩化物含有量が規定されている。

☐ 調合強度管理のための供試体は、20 ± 2℃の水中養生による**標準養生**で行う。

☐ 材齢28日の構造体コンクリート強度推定試験に用いる供試体の養生方法は、**現場水中養生**とする。

☐ **スランプ**試験は、コンクリートの打込み中に品質の変化が認められた場合にも行う。

☐ 圧縮強度試験の試験回数は、**150m³** について1回を標準とし、1回の試験結果は、3個の供試体の試験値の平均値で表す。

鉄骨工事検査 よく出る

☐ 耐火材吹付け厚さは、**確認ピン**を用いて確認する。

☐ 溶接部欠陥のブローホールは、**超音波探傷試験（UT）**で行う。

☐ 施工後のスタッド溶接部の検査は、外観検査と **15°打撃曲げ**検査で行う。

☐ **トルシア形高力ボルト**の締付け検査は、ピンテールの破断とナットの回転量を目視検査で行う。

仕上げ工事検査

☐ タイル張り工事の接着強度試験は**引張試験機**を用いて行う。

☐ アスファルト防水工事では、**高周波水分計**を用いて下地試験を行う。

☐ シーリング工事では、施工に先立ち**簡易接着性**試験を行う。

☐ 塗装工事では、pH コンパレーター、pH 指示薬溶液を用いて**アルカリ度**検査を行う。

施工品質管理表

施工品質管理表（QC 工程表）とは、基準どおりの施工が工程どおりになされているかをチェックするもので、作成に関しての留意点は下記のとおりである。

☐ **工種別**又は**部位別**に作成する。

☐ 検査の時期、方法、頻度を明示する。

☐ 管理項目は**施工手順**に沿って記載する。

☐ **管理値**を外れた場合の処置を明示する。

　　品質管理のための試験に関する記述として、**最も不適当なも**
のはどれか。

1.　鉄骨工事において、高力ボルト接合の摩擦面の処理状況の
　　確認は、すべり係数試験によって行った。
2.　地業工事において、支持地盤の地耐力の確認は、平板載荷
　　試験によって行った。
3.　鉄筋工事において、鉄筋のガス圧接部の確認は、超音波探
　　傷試験によって行った。
4.　既製コンクリート杭地業工事において、埋込み杭の根固め
　　液の確認は、針入度試験によって行った。

解答　4
解説　**針入度試験**はアスファルト舗装の材料試験であり、根固め液の
　　　確認試験は、基本的にセメントの材料試験である。

　　コンクリートの試験に関する記述として、**最も不適当なもの**
はどれか。

1.　スランプの測定値は、スランプコーンを引き上げた後の、
　　平板からコンクリート最頂部までの高さとした。
2.　スランプ試験は、コンクリートの打込み中に品質の変化が
　　認められた場合にも行うこととした。
3.　1回の圧縮強度試験の供試体の個数は、3個とした。
4.　受入れ検査における圧縮強度試験は、3回の試験で1検査
　　ロットを構成した。

解答　1
解説　スランプの測定値は、スランプコーンを引き上げた後の、コン
　　　クリート**最頂部**からの**下がり**を測定する。

例題 3

工事現場における試験に関する記述として、**最も不適当なも**のはどれか。

1. フレッシュコンクリートのスランプの測定は、スランプゲージを用いて行った。

2. 鉄筋のガス圧接部のふくらみの長さの測定は、ダイヤルゲージを用いて行った。

3. 吹付けロックウールによる耐火被覆材の厚さの確認は、確認ピンを用いて行った。

4. 外壁タイル張り後のタイル接着力試験は、油圧式簡易引張試験器を用いて行った。

解答 2

解説 ガス圧接部のふくらみの長さの測定は、SY ゲージを用いて行う。ダイヤルゲージは短い直線距離や基準との差を計測したり、平行出しをするのに使う。

7

施工管理

▶▶ **パパっとまとめ**

品質管理の手段として、ヒストグラム等の品質管理図が「QC（品質管理）七つ道具」として用いられる。

□ **ヒストグラム**：測定データの出現度数を柱状のグラフとして表現したもので、分布状況により規格値に対しての品質及び出来形の良否を判断する。

□ **管理図**：品質の時間的な変動データを整理し、工程の安定状態を判断することにより工程自体を管理する。

□ **チェックシート**：データのバラツキを早期に把握し、簡単に早急な対策を立てるときに用いる。

□ **特性要因図**：ある問題に対して関連する原因の洗い出しを行うため、問題（特性）とその発生の原因（要因）を魚の骨の形のような矢印で結んで図示したもの。

□ **パレート図**：出現度数を項目別、大きさ順に並べた棒グラフで、累積和を折れ線で表す。

□ **相関図（散布図）**：工程で発生している問題を原因別などに分類し、その件数の大きい順に並べて棒グラフ及び累計曲線図に表したもので、問題点を分類して図示することで、真っ先に改善しなければならない問題を容易に把握できる。

□ **層別化**：データを同質なグループ（層）ごとに分けて分析する手法で、正確に情報が把握でき、問題の原因判別につながる有効な手段である。

例題 1

イ〜二の図の名称として、**不適当なもの**はどれか。

イ.
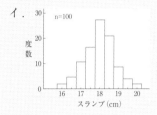

ロ.
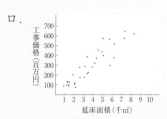

ハ.
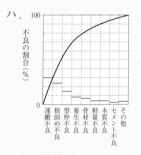

二.
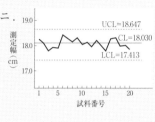

1. イ ヒストグラム

2. ロ 散布図

3. ハ パレート図

4. 二 特性要因図

解答 4

解説 品質管理において用いられる、$\overline{X}$—R 管理図である。

例題2

　次のパレート図は、住宅の補修工事に関するものである。この図の説明に関する記述として、**最も不適当なもの**はどれか。

1.　総補修件数の調査件数に対する割合は、25%である。

2.　漏水による補修件数は、補修原因の種類別補修件数の中で最も多い。

3.　漏水と仕上材不良による補修件数を合わせたものは、総補修件数の約75%を占めている。

4.　構造材不良による補修件数は、10件である。

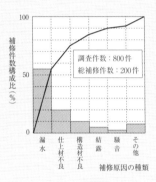

調査件数：800件
総補修件数：200件

補修原因の種類

補修原因の種類

解答　4

解説　総補修件数の調査件数に対する割合は、200 ÷ 800 ＝ 25%である。漏水による補修件数は、55%であり、最も多く、仕上材不良の20%を加えると75%になる。
　構造材不良による補修件数は、総補修件数の10%であるので、200 × 0.1 ＝ 20件である。

▶▶ パパっとまとめ
> 労働安全衛生としての安全管理対策は、「労働安全衛生法」
> をはじめ、労働安全衛生規則等において定められている。

安全施工体制

☐ 毎日の**安全施工サイクル**：下記の項目について、毎日の安全施工サイクルとして行う。

| 安全朝礼（全員） | → | 安全ミーティング→使用開始時点検 | → |

| （作業所長巡視）・（作業中の指導監督）・（安全工程打合せ） | → |

| 持場の後片付け | → | 終業時の確認 |

☐ **新規入場者教育**：労働者が新しく現場に入場するときに、その都度行う安全衛生教育。

☐ **安全衛生大会**：全作業員に月間作業予定や安全活動予定を周知させるための集まり。

☐ **安全衛生教育**：月間施工サイクルに組み込まれる安全衛生教育。

安全管理に関する用語 よく出る

☐ **KYT（危険予知訓練）**：身近な危険を事前に予測して対策を立てる訓練。

☐ **ツールボックス**：作業開始前の時間に、道具箱（ツールボックス）の前で、仕事仲間と安全作業について話し合うミーティング。

7
施工管理

ミーティング：

☐ **OJT（オン・ザ・ジョブ・トレーニング）**：企業内で行われる教育・訓練手法の一つで職場の上司や先輩が部下や後輩に対し具体的な仕事を通じて仕事に必要な知識・技術・技能・態度などを指導し、育成する活動である。

☐ **ヒヤリハット**：重大な災害や事故には至らないものの、直結してもおかしくない一歩手前の事例の発見をいい、文字通り、「突発的な事象やミスにヒヤリとしたり、ハッとしたりするもの」である。

☐ **ZD（ゼロ・ディフェクト）**：作業員の努力と工夫により仕事のミスや欠陥をゼロにする活動。

労働災害指標 よく出る

☐ **度数率**：100万延労働時間当たりの労働災害による死傷者数をもって、労働災害の頻度を表すもの。

$$度数率 = \frac{労働災害による死傷者数}{延労働時間数} \times 1,000,000$$

☐ **強度率**：1,000延労働時間当たりの労働損失日数をもって、災害の重さの程度を表すもの。

$$強度率 = \frac{労働損失日数}{延労働時間数} \times 1,000$$

☐ **年千人率**：1年間の労働者1,000人当たりに発生した死傷者数の割合を示すもの。

$$年千人率 = \frac{1年間の死傷者数}{1年間の平均労働者数} \times 1,000$$

労働災害の強度率に関する次の文章中、 に当てはまる数値として、**適当なもの**はどれか。

「強度率は、 延べ実労働時間当たりの労働損失日数で、災害の重さの程度を表す。」

1. 1千　　　　2. 1万　　　　3. 10万　　　　4. 100万

解答 1

解説 労働災害の強度率は、下式で表す。

$$強度率 = \frac{労働損失日数}{延労働時間数} \times 1,000 \quad 1千が適当である。$$

施工管理に関する活動用語とその説明の組合せとして、**最も不適当なもの**はどれか。

1. OJT（オン ザ ジョブ トレーニング）
 日常の業務に就きながら行われる職場内訓練
2. QC（クォリティ コントロール）サークル
 品質管理活動を自主的に行う小グループ
3. TBM（ツール ボックス ミーティング）
 作業着手前に安全作業を確認する会議
4. ZD（ゼロ ディフェクト）運動
 従業員の努力と工夫により、現場の廃棄物をゼロに近づける運動

解答 4

解説 ZD（ゼロ ディフェクト）運動とは、従業員自身の創意と工夫によって仕事の欠陥をゼロにし、製品の品質及びサービスの向上を図り、顧客を満足させ、製品の信頼性を増大することによって企業全体の生産性の向上を図ろうという**経営効率化**運動の一種である。設問はゼロエミッションの説明である。

7
施工管理

建設作業における安全対策

> ▶▶ パパっとまとめ
>
> 建設作業における具体的な安全対策については、主に「労働安全衛生規則」、「クレーン等安全規則」等に定められており、本書「第9章、法規」等を参照する。

仮設・足場の安全対策 よく出る

☐ 鋼管足場

滑動又は沈下防止のためにベース金具、敷板等の根がらみを設置する。鋼管の接続部又は交差部は付属金具を用いて、確実に緊結する。

☐ 単管足場

建地の間隔は、桁行方向 1.85m、梁間方向 1.5m 以下とする。建地間の積載荷重は、400kg を限度とする。地上第一の布は 2m 以下の位置に設ける。

☐ 枠組足場

最上層及び 5 層以内ごとに水平材を設ける。梁枠及び持送り枠は、水平筋かいにより横ぶれを防止する。

☐ 登り桟橋

勾配は 30 度以下とし、15 度を超えるものは踏さん、滑止めを設ける。

□ 作業床

高さ 2m 以上で作業を行う場合、足場を組み立てる等により作業床を設け、作業床の端や開口部等には囲い、**85cm 以上の手すり**、**中さん**（高さ 35〜50cm）、**幅木**（高さ 10cm 以上）及び覆い等を設ける。

上記の設置が困難な場合は、防網を張り**安全帯**を使用させる。作業床の幅は **40cm 以上**とし、すき間は **3cm 以下**とする。

□ 悪天候時作業

強風、大雨、大雪等の悪天候のときは危険防止のため、高さ 2m 以上での作業をしてはならない。

各種作業の安全対策

□ 土止め支保工

土止め支保工は、掘削深さ 1.5m を超える場合に設置するものとし、4m を超える場合は**親杭横矢板**工法又は**鋼矢板**とする。**切梁及び腹おこし**は、脱落を防止するため、矢板、くい等に確実に取り付ける。圧縮材の継手は、突合せ継手とする。7 日を超えない期間ごと、中震以上の地震の後、大雨等の後に点検を行う。

□ 移動式クレーン

設置する**地盤**の状況を確認し、不足する場合は、地盤改良、鉄板等により補強する。機体は水平に設置し、**アウトリガー**は最大限に張り出す。吊上げ荷重や**旋回**範囲の制限を厳守する。**一定の合図**を定め、指名した者に合図を行わせる。労働者を**運搬**したり、**つり上げて**の作業は禁止する。**強風**時の作業は中止する。

□ 型枠支保工

組立図には、部材の配置、接合方法等を明示する。沈下防止のために、**敷角**の使用等の措置を講ずる。支柱の継手は、**突合せ**継手又は**差込み**継手とする。高さが 3.5m を超えるときは、2m 以内ごとに 2 方向に水平つなぎを設ける。

□ 車両系建設機械

接触による**危険**箇所への立ち入り禁止、誘導者の配置を行う。運転席を離れる場合は、バケット、ジッパなどの**作業装置**を地上に降ろし、**原動機**を止め、走行ブレーキをかける。積卸しは平坦な場所で行い、**道板**は十分な長さ、幅、強度、適当な勾配で取り付ける。

例題 1　　　　　　　　　　　　　　　　令和元年 後期 No.42

　高所作業車を用いて作業を行う場合、事業者の講ずべき措置として、「労働安全衛生法」上、**定められていないもの**はどれか。

1. 高所作業車は、原則として、主たる用途以外の用途に使用してはならない。

2. 高所作業車の乗車席及び作業床以外の箇所に労働者を乗せてはならない。

3. その日の作業を開始する前に、高所作業車の作業開始前点検を行わなければならない。

4. 高所作業等作業主任者を選任しなければならない。

解答 4

解説 事業者の講ずべき措置としては、作業計画を定め作業の指揮者を定めるが、高所作業等作業主任者を選任する必要はない。

例題 2

通路及び足場に関する記述として、**最も不適当なもの**はどれか。

1. 枠組足場の墜落防止設備として、交さ筋かい及び高さ 15cm 以上の幅木を設置した。

2. 枠組足場に使用する作業床の幅は、30cm 以上とした。

3. 屋内に設ける作業場内の通路は、通路面からの高さ 1.8m 以内に障害物がないようにした。

4. 折りたたみ式の脚立は、脚と水平面との角度を 75 度以下とし、開き止めの金具で止めた。

解答 2

解説 枠組足場に使用する作業床の幅は、40cm 以上とする。

7

施工管理

▶▶ パパっとまとめ

発注者から直接工事を請け負ったときに、下請負人を使用する場合の特定建設業者を特定元方事業者と呼び、「労働安全衛生法第10条〜」において、安全管理体制における責務が示されている。

また、同法第14条において、作業主任者を選任すべき主な作業が定められている。

特定元方事業者の責務

☐ **安全衛生**協議会の設置運営（月1回以上開催）

☐ 作業**間**の連絡及び調整

☐ 作業**場所**の巡視

☐ 関係請負人の**安全衛生**教育に対する指導及び援助

☐ **災害**防止に必要な事項

☐ **工程計画**上の必要な調整

☐ 作業主任者を選任すべき作業 よく出る

作業内容	作業主任者	資 格
高圧室内作業	高圧室内作業主任者	免許
アセチレン・ガス溶接	ガス溶接作業主任者	免許
コンクリート破砕機作業	コンクリート破砕機作業主任者	技能講習
2m以上の地山掘削及び土止め支保工作業	地山の掘削及び土止め支保工作業主任者	技能講習
型枠支保工作業	型枠支保工の組立等作業主任者	技能講習
吊り、張出、5m以上足場組立	足場の組立等作業主任者	技能講習
有機溶剤作業	有機溶剤作業主任者	技能講習
高さ5m以上のコンクリート造工作物の解体	コンクリート造の工作物の解体等作業主任者	技能講習

作業主任者の職務 よく出る

- [ ] 材料の欠点の有無を点検し、不良品を取り除くこと。
- [ ] 器具、工具、安全帯及び保護帽の機能を点検し、不良品を取り除くこと。
- [ ] 作業の方法及び労働者の配置を決定し、作業の進行状況を監視すること。
- [ ] 安全帯及び保護帽の使用状況を監視すること。

例題 1

平成 30 年 後期 No.41

事業者が選任すべき作業主任者として、「労働安全衛生法」上、**定められていないもの**はどれか。

1. 型枠支保工の組立て等作業主任者
2. ガス溶接作業主任者
3. 足場の組立て等作業主任者
4. ALC パネル等建込み作業主任者

解答 4

解説 ALC パネル等建込み作業主任者は、事業者が選任すべき作業主任者として、労働安全衛生法上、定められていない。

例題 2

令和元年 前期 No.41

作業主任者を選任すべき作業として、「労働安全衛生法」上、**定められていないもの**はどれか。

1. 支柱高さが 3m の型枠支保工の解体の作業
2. 鉄筋の組立ての作業
3. 高さが 5m のコンクリート造の工作物の解体の作業
4. 解体工事における石綿の除去作業

7

施工管理

解答 2

解説 **鉄筋の組立ての作業**は、事業者が選任すべき作業主任者として、労働安全衛生法上、定められていない。

例題 3

事業者の講ずべき措置として、「労働安全衛生規則」上、定められていないものはどれか。

1. 労働者に安全帯等を使用させるときは、安全帯等及びその取付け設備等の異常の有無について、随時点検すること。
2. 多量の発汗を伴う作業場において、労働者に与えるために、塩及び飲料水を備え付けること。
3. 足場の組立て作業において、材料の欠点の有無を点検し、不良品を取り除くこと。
4. 労働者が有効に利用することができる休憩の設備を設けるように努めること。

解答 3

解説 事業者が講ずべき措置ではなく、**足場の組立作業主任者**の業務である。

8

第8章
法規

▶▶ <u>パパっとまとめ</u>

毎回2問出題される。「用語の定義」以外は、広範囲からの出題であるが、繰り返し出題される設問肢も多い。

用語の定義 よく出る

- [ ] 建築物：屋根及び柱若しくは壁を有するもの、建築物に附属する門・塀、観覧のための工作物、**地下**若しくは**高架**の工作物内に設ける施設、**建築設備**（**プラットホームの上家**は建築物ではない）

- [ ] **特殊建築物**：災害時に人的被害が大きくなるおそれのある建物で、戸建住宅・事務所以外のほとんどの建築物

- [ ] 居室：人が継続的に使用する室（玄関・廊下・洗面所・トイレ・浴室は含まない）

- [ ] 主要構造部：建築物の構造上重要な**壁**・柱・**床**・梁・**屋根**・**階段**

- [ ] 不燃材料：陶磁器質タイル・アルミニウム・ガラス・しっくい等

- [ ] 耐火建築物：耐火構造＋延焼のおそれのある開口部に防火設備

- [ ] 準耐火建築物：準耐火構造＋**延焼のおそれのある開口部に防火設備**

- [ ] 建築：建築物の新築、増築、改築、**移転**

- [ ] 大規模の修繕：主要構造部の1種以上について行う過半の修繕

- [ ] 設計図書：工事用の図面・**仕様書**（現寸図は含まない）

- [ ] **避難階**：直接地上へ通ずる出入口のある階

建築物の技術基準（単体規定） よく出る

☐ 敷地の衛生及び安全：建築物の敷地は、原則として、これに接する道の境より**高く**する。敷地には、雨水及び汚水を排出又は処理するための適当な下水管、下水溝又はためます等の施設をする。

☐ 居室の換気：技術的基準に従った換気設備を設ける。又は、床面積の 1/20 以上の換気に有効な開口部を設ける。

☐ 地階の居室：住宅の居室、教室、病室、寄宿舎の寝室で地階に設けるものは、**壁及び床の防湿**の措置その他の事項について衛生上必要な政令で定める技術的基準に適合するものとする。

☐ 便所：下水道法に規定する処理区域内においては、便所は、汚水管が公共下水道に連結された**水洗**便所とする。

☐ 居室の天井の高さ：高さは、床面から測り 2.1m 以上とする。1 室で天井の高さの異なる部分がある場合は、その**平均**の高さによるものとする。

☐ 居室の床の高さ：最下階の居室の床が木造である場合の床の上面の高さは、原則として直下の地面から **45cm** 以上とする。

☐ 階段：住宅の階段（共同住宅の共用階段を除く）の蹴上げは、**23cm** 以下とする。

回り階段の部分における踏面の寸法は、踏面の狭い方の端から **30cm** の位置において測るものとする。

階段及び階段に代わる傾斜路には、原則として、**手すり**を設ける。階段の幅が **3m** を超える場合、原則として、中間に手すりを設ける。

階段に代わる傾斜路の勾配は 1/8 を超えないものとする。

居室の採光 よく出る

□ 居住のための居室、教室、保育室、病室等には、**採光のための窓その他の開口部**を設けなければならない。

採光の規定から除外される室の例
職員室、事務室、診察室、客室、閲覧室、地階に設ける居室

□ ふすま、障子その他**随時**開放することができるもので仕切られた 2 室は、居室の採光及び換気の規定の適用については、**1 室**とみなす。

□ 採光有効面積の計算では、天窓は実面積の 3 倍として扱う。

建築確認手続き等 よく出る

□ 建築確認申請が必要な工事は、**確認済証**の交付を受けた後でなければ、することができない。

□ 防火地域及び準防火地域外において建築物を増築し、改築し、又は移転しようとする場合で、その部分の床面積の合計が 10m^2 以内であるときは、建築確認申請の手続きを必要としない。

□ **建築主**は、建築確認を受けた工事を完了したときは、工事完了から 4 日以内に到達するように、建築主事又は指定確認検査機関の完了検査を申請する。

□ 原則として、検査済証の交付を受けた後でなければ使用できない建築物

特殊建築物で床面積が 100m^2 を超えるもの等
木造建築物で階数が 3 以上のもの等
S 造、RC 造の建築物で階数が 2 以上のもの等

□ 建築主事は工事の完了検査の申請を受理した日から7日以内に検査を行う。

□ **施工者**は、工事現場の見易い場所に、国土交通省令で定める様式によって、建築確認があった旨の表示をする。

□ **施工者**は、設計図書を当工事現場に備えておく。

□ **特定行政庁**及び**建築主事**は、建築主及び工事の施工者等に対して次の報告を求めることができる。

建築物の敷地・構造・建築設備・用途についての報告
建築材料等の受取・引渡しの状況についての報告
建築物に関する工事の計画・施工の状況についての報告
建築物に関する調査の状況についての報告

例題1

用語の定義に関する記述として、「建築基準法」上、**誤っているもの**はどれか。

1. 大規模の修繕とは、建築物の主要構造部の1種以上について行う過半の修繕をいう。
2. 設計者とは、その者の責任において、設計図書を作成した者をいう。
3. 建築設備は、建築物に含まれる。
4. コンビニエンスストアは、特殊建築物ではない。

解答 4

解説 コンビニエンスストアは、「物品販売業を営む店舗」であるので、特殊建築物である。(建築基準法施行令第115条の3)

8

法規

247

例題2

地上階にある次の居室のうち、「建築基準法」上、原則として、採光のための窓その他の開口部を**設けなければならないもの**はどれか。

1. 有料老人ホームの入所者用談話室
2. 幼保連携型認定こども園の職員室
3. 図書館の閲覧室
4. 診療所の診察室

解答 1

解説 有料老人ホームの入所者が過ごす居室であるので、採光規定が適用される。

例題3

建築確認手続き等に関する記述として、「建築基準法」上、**誤っているもの**はどれか。

1. 建築確認申請が必要な工事は、確認済証の交付を受けた後でなければ、することができない。
2. 施工者は、建築確認を受けた工事を完了したときは、建築主事又は指定確認検査機関の完了検査を申請しなければならない。
3. 施工者は、工事現場の見やすい場所に、国土交通省令で定める様式によって、建築確認があった旨の表示をしなければならない。

解答 2

解説 談話室は、建築確認も完了検査も申請者は、**建築主**である。実際は、委任を受けた設計事務所や工務店が行うことが多い。

▶▶ パパっとまとめ

> 下請け代金の総額で、特定建設業・一般建設業の許可区分が決まり、現場に置く技術者の種類も変わる。また、請負代金の額で、現場に置く技術者が専任かどうかが決まる。

建設業の許可 よく出る

□ 許可の種類と許可区分

金額：消費税込

種類	知事許可	営業所が一つの都道府県内にある場合
	大臣許可	営業所が複数の都道府県にある場合
許可区分	特定	元請工事の下請け代金の総額が ・建築工事業で 7,000 万円以上 ・その他の工事業で 4,000 万円以上
	一般 （元請工事でなければ請負金額の制限なし）	元請工事の下請け代金の総額が ・建築工事業で 6,000 万円未満 ・その他の工事業で 4,500 万円未満 下請を使わず、工事のすべてを自社で施工

□ 許可対象の建設工事は 29 業種、**業種**ごとに許可が必要。

□ 一つの営業所で、**複数**の業種の許可を受けることができる。

□ 有効期間は 5 年、更新しないと失効する。

□ 一般建設業の許可を受けた者が、特定建設業の許可を受けたときは、その業種に係る一般建設業の許可は**失効**する。

□ 営業所ごとに所定の要件を満たした専任の**技術者**を置く。

□ 許可を受けた建設業の工事を請負う場合、許可を受けていない業種の附帯工事を請負うことが**できる**。

8

法規

附帯工事を請負う方法

1. 附帯工事の主任技術者を設置して自ら施工する

2. 附帯工事の業種の建設業許可業者に請け負わせる

□許可を受けずにできる工事（軽微な建設工事）

金額：消費税込

建築一式工事	1 件の請負代金の額が 1,500 万円未満の工事
	延べ面積が 150m² 未満の木造住宅工事
建築一式工事以外の工事	1 件の請負代金の額が 500 万円未満の工事
営業所及び建設現場に技術者の設置は不要	

請負契約書の記載事項（抜粋） よく出る

□ **工事**内容

□ **請負代金の額**

□ 工事**着手**の時期及び工事**完成**の時期

□ 請負代金の全部又は一部の前金払の定めをするときは、その支払の**時期**及び**方法**

□ 天災その他不可抗力による工期の変更又は損害の負担及びその額の**算定**方法に関する定め

□ 価格等の変動若しくは変更に基づく**請負代金**の額又は工事内容の変更

□ 工事の施工により第三者が損害を受けた場合における**賠償**金の負担に関する定め

□ 工事完成後における**請負代金**の支払の時期及び方法

□ 契約に関する**紛争**の解決方法

工事現場に設置する技術者 よく出る

主任技術者

☐ 建設業者は、請け負った建設工事の現場に**主任技術者**を置かなければならない。

> 特定建設業・一般建設業の区別なく
> 元請・下請の区別なく ｝ **主任技術者**を設置
> 請負金額の多少にかかわらず

☐ 建設工事に関し 10 年以上実務の経験を有する者は、その業種の主任技術者になることができる。

監理技術者

☐ 元請となる特定建設業者は、その工事の下請契約の代金の総額が建築工事業で **7,000** 万円以上、その他の工事業で **4,500** 万円以上となる場合、**主任技術者**に代えて**監理技術者**を置かなければならない。

専任の主任技術者、専任の監理技術者

☐ 公共施設、多数の者が利用する施設、共同住宅等の建設工事で、請負代金の額が建築一式工事で **8,000** 万円以上、その他の建設工事で **4,000** 万円以上となる場合、設置する主任技術者又は監理技術者は**専任**でなければならない。

> 専任の技術者を置かなければならない建設工事の例
> 国または地方公共団体が発注する工事、鉄道・港湾施設、電気・ガス施設、社会福祉施設、病院・診療所、集会所、百貨店、事務所、ホテル、共同住宅、工場・倉庫等

平成 29 年 前期 No.20 改題

建設業の許可に関する記述として、「建設業法」上、**誤ってい
るもの**はどれか。

1. 下請負人として建設業を営もうとする者が建設業の許可を
   受ける場合、一般建設業の許可を受ければよい。
2. 一般建設業と特定建設業の違いは、発注者から直接請負う
   場合の請負代金の額の違いによる。
3. 建設業の許可は、国土交通大臣または都道府県知事によっ
   て与えられる。

解答 2

解説 一般建設業と特定建設業の違いは、発注者から直接請負う 1 件
の建設工事の**下請代金の総額**の違いによる。下請負人として工
事を請負う場合は、請負金額が大きくても一般建設業でよい。

例題2

平成 29 年 後期 No.20 改題

建設業の許可に関する記述として、「建設業法」上、**誤ってい
るもの**はどれか。

1. 2 以上の都道府県の区域内に営業所を設けて営業しようと
   する者が、建設業の許可を受ける場合、国土交通大臣の許可
   を受けなければならない。
2. 建築工事業で特定建設業の許可を受けている者は、土木工
   事で一般建設業の許可を受けることができる。
3. 国または地方公共団体が発注者である建設工事を請負う者
   は、特定建設業の許可を受けていなければならない。

解答 3

解説 下請契約の請負代金の総額が規定額未満であれば、一般建設業
の許可を受けた者でも公共工事を受注することができる。
また、建設業の許可は業種ごとに受けるため、一つの営業所で、

ある業種では特定建設業、またある業種では一般建設業という許可を受けることもできる。

例題3

建設工事の請負契約書に記載しなければならない事項として、「建設業法」上、**定められていないもの**はどれか。

1. 工事着手の時期及び工事完成の時期
2. 工事の履行に必要となる建設業の許可の種類及び許可番号
3. 契約に関する紛争の解決方法

解答 2

解説 建設業の許可の種類及び許可番号は、請負契約書の記載事項ではないが、これらを記載した標識を営業所と建設工事の現場に掲示することが義務付けられている。

例題4

工事現場における技術者に関する記述として、「建設業法」上、**誤っているもの**はどれか。

1. 建設業者は、発注者から3,500万円で請け負った建設工事を施工するときは、主任技術者を置かなければならない。
2. 元請負人の特定建設業者から請け負った建設工事で、元請負人に監理技術者が置かれている場合は、施工する建設業の許可を受けた下請負人は主任技術者を置かなくてもよい。
3. 請負代金の額が8,000万円の工場の建築一式工事を請負った建設業者は、当該工事現場における建設工事の施工の技術上の管理をつかさどる技術者を専任の者としなければならない。

解答 2

解説 施工する建設業の許可を受けている下請負人は、請負った業種の施工上の管理をつかさどる主任技術者を置かなければならない。

8
法規

▶▶ パパっとまとめ

年少者（18才未満の者）の健全な成長のために過酷な労働を課さないよう、原則として深夜業務や危険有害業務に就かせることはできない。また、労働者保護の観点から最低限の労働条件が示されている。

年少者 よく出る

☐ 使用者は、満 18 才に満たない者について、その年齢を証明する戸籍証明書を事業場に備え付けなければならない。

☐ 親権者又は後見人は、未成年者に代って労働契約を締結して**はならない**。

☐ 未成年者は、独立して賃金を**請求**することができる。

☐ 親権者又は後見人は、未成年者の賃金を代って受け取って**はならない**。

☐ 使用者は、原則として満 18 才に満たない者を午後 10 時から午前 5 時までの間において使用してはならない。

☐ 満 18 才に満たない者が解雇の日から 14 日以内に帰郷する場合、使用者は、原則として必要な旅費を負担しなければならない。

☐ 使用者は、満 18 才に満たない者に、規定されている**危険な**業務又は**重量物を取り扱う**業務に就かせてはならない。

労働契約 よく出る

☐ 労働者は、使用者より明示された労働条件が事実と相違する場合においては、**即時**に労働契約を解除することができる。

☐ 使用者は、労働契約の不履行について違約金を定め、又は損害賠償額を予定する契約を**してはならない**。

☐ 使用者は、労働することを条件とする前貸の債権と賃金を**相殺**してはならない。

☐ 使用者は、労働契約に附随して**貯蓄**の契約をさせ、又は**貯蓄**金を管理する契約をしてはならない。

☐ 使用者は、労働者が業務上の傷病の療養のために休業する期間及びその後 30 日間は、原則として解雇してはならない。

労働契約の締結に際し、使用者が労働者に書面で交付しなければならない事項

☐ 労働**契約**の期間に関する事項

☐ 就業の**場所**及び従事すべき業務に関する事項

☐ **始業**及び**終業**の時刻、残業の有無、休憩時間、休日等に関する事項

☐ 賃金の支払の方法及び支払の**時期**等に関する事項

☐ **退職**に関する事項

8
法規

例題1

次の記述のうち、「労働基準法」上、**誤っているもの**はどれか。

1. 未成年者の親権者又は後見人は、未成年者の賃金を代って受け取ってはならない。
2. 使用者は、満18才に満たない者について、その年齢を証明する戸籍証明書を事業場に備え付けなければならない。
3. 使用者は、原則として、満18才に満たない者が解雇の日から14日以内に帰郷する場合においては、必要な旅費を負担しなければならない。
4. 使用者は、満17才の者を、屋外の建設現場で労働者として使用することはできない。

解答 4

解説 重大事故につながる危険な業務や身体に過度な負担がかかる重量物の取扱い（「年少者労働基準規則」に規定されている）でなければ、満18才未満の者でも建設現場で労働者として使用することができる。

例題2

使用者が労働契約の締結の際し、「労働基準法」上、労働者に書面で**交付しなくてもよいもの**はどれか。

1. 就業の場所及び従事すべき業務に関する事項
2. 退職に関する事項
3. 賃金の支払の時期に関する事項
4. 職業訓練に関する事項

解答 4

解説 職業訓練に関する事項は、労働契約の締結に際し、書面で交付しなくてもよいが、明示しなければならない労働条件である。

84 労働安全衛生法

学習 /

> ▶▶ パパっとまとめ
>
> 建設業は、他の産業と同じように事業場の規模による安全管理体制があるほか、元請と下請が混在する特殊な業態による安全管理体制がある。

安全衛生教育を行う時期 よく出る

- [ ] 労働者を雇い入れたとき
- [ ] 労働者の作業内容を変更したとき
- [ ] 危険又は有害な業務に労働者をつかせるとき
- [ ] 職長として新たに職務につかせるとき

事業場の規模による安全衛生管理体制（建設業の場合）

役職名	常時就労する労働者数	労働基準監督署長への届出
総括安全衛生管理者	100 人以上	要
安全管理者	50 人以上	
衛生管理者	50 人以上	
産業医	50 人以上	
安全衛生推進者等	10 人以上 50 人未満	不要

特定事業としての安全管理体制（建設業の場合）

役職名	元請・下請の常時就労する労働者数
統括安全衛生責任者（元請）	建築工事全般 50 人以上
元方安全衛生管理者（元請）	
安全衛生責任者（下請）	
店社安全衛生管理者（元請）	S 造・SRC 造の現場 20 人以上 50 人未満

8
法規

就業制限（就業に必要な資格等）

運転業務の種類	免許・技能講習	特別教育
クレーン・デリック	つり上げ荷重 5t 以上	5t 未満
移動式クレーン	つり上げ荷重 1t 以上	1t 未満
フォークリフト	最大荷重 1t 以上	1t 未満
自走式建設機械	機体重量 3t 以上	3t 未満
不整地運搬車	最大積載量 1t 以上	1t 未満
高所作業車	作業床の高さ 10m 以上	10m 未満
移動式クレーン・デリックの玉掛け	つり上げ荷重 1t 以上	1t 未満
建設用リフト	—	○
ゴンドラの操作	—	○

就業に際しては、「資格を証する書面」を携帯する。

例題 1
平成 30 年 前期 No.48

労働者の就業に当たっての措置に関する記述として、「労働安全衛生法」上、**誤っているもの**はどれか。

1. 事業者は、通常の労働者の 1 週間の所定労働時間に比して短い労働者（パートタイム労働者）を雇い入れたときは、原則として、その従事する業務に関する安全又は衛生のための教育を行わなければならない。

2. 就業制限に係る業務に就くことができる者が当該業務に従事するときは、これに係る免許証その他その資格を証する書面の写しを携帯していなければならない。

3. 事業者は、省令で定める危険又は有害な業務に労働者を就かせるときは、原則として、当該業務に関する安全又は衛生のための特別の教育を行わなければならない。

4. 事業者は、つり上げ荷重が 1t 以上の移動式クレーンの玉掛けの業務に就いては、一定の資格を有する者以外の者を就かせてはならない。

解答 2

解説 資格を証する**書面の写し**ではなく、**書面**（免許証・技能講習修了証明書等）を携帯していなければならない。技能講習の修了証の原本は携帯しなくてもよいが、保持が義務付けられているため大切に保管する。

例題2   平成29年 後期 No.23

建設業において、「労働安全衛生法」上、事業者が安全衛生教育を**行わなくてもよいもの**はどれか。

1.　新たに建設現場の事務職として雇い入れた労働者
2.　作業内容を変更した労働者
3.　新たに職務に就くことになった職長
4.　新たに選任した作業主任者

解答 4

解説 作業主任者には安全衛生教育を行わなくてよい。

例題3   令和元年 前期 No.48

主要構造部が鉄骨造である建築物の建設工事の現場において、店社安全衛生管理者を選任しなければならない常時就労する労働者の最小人員として、「労働安全衛生法」上、**正しいもの**はどれか。

ただし、統括安全衛生責任者が選任されている場合を除くものとする。

1.　10人　　　2.　20人　　　3.　30人　　　4.　50人

解答 2

解説 **店社安全衛生管理者**は、鉄骨造又は鉄骨鉄筋コンクリート造の現場で、元請と下請を合わせて常時20人以上50人未満の事業場で選任しなければならない。

85 廃棄物の処理及び清掃に関する法律

▶▶ **パパっとまとめ**

廃棄物の排出の抑制と廃棄物の適正な分別、保管、収集、運搬、再生、処分等の処理について規定している。

建設工事で排出される産業廃棄物とは何か、また、運搬・処分について定められている内容を理解する。

建設工事に係る産業廃棄物の定義 **よく出る**

☐ 工作物の新築、改築又は除去に伴い生じた**紙**くず、**木**くず、**繊維**くず

☐ **ゴム**くず、**金属**くず、**ガラス**くず

☐ 工作物の新築、改築又は除去に伴い生じた**コンクリートの破片**

☐ 事業活動に伴って生じた**汚泥**

産業廃棄物の処理等

☐ 事業者は、工事に伴い生じた産業廃棄物を**自ら処理**しなければならない。また、**許可業者へ委託**することもできる。

☐ 事業者は、その産業廃棄物が運搬されるまでの間、産業廃棄物**保管**基準に従い、生活環境の保全上支障のないようにこれを保管しなければならない。

☐ 産業廃棄物の収集、運搬又は処理を業として行おうとする者は、**都道府県知事**の許可を受けなければならない。

産業廃棄物の運搬又は処分を委託する場合の委託契約書の内容

☐ 委託する産業廃棄物の種類及び**数量**

☐ 産業廃棄物の運搬を委託するときは、運搬の**最終**目的地の所在地

☐ 産業廃棄物の処分を委託するときは、処分場所、処分の**方法**

☐ **委託契約**の有効期間

☐ **委託者**が**受託者**に支払う料金

例題   平成 30 年 前期 No.49

廃棄物に関する記述として、「廃棄物の処理及び清掃に関する法律」上、**誤っているもの**はどれか。

1. 建築物の解体に伴い生じたガラスくずは、産業廃棄物である。
2. 建築物の新築に伴い生じた段ボールは、産業廃棄物である。
3. 建築物の新築に伴い生じた土砂は、産業廃棄物である。
4. 建築物の解体に伴い生じた鉄くずは、産業廃棄物である。

解答 3

解説 建設工事に伴い排出されたものでも、土砂（発生土、残土等）は、産業廃棄物ではない。

8
法規

▶▶ パパっとまとめ

特定の建設資材を分別解体することによる資源の有効利用
と廃棄物の適正処理について規定している。
「特定建設資材」は4種類。覚えてしまおう。

特定建設資材

建設資材のうち廃棄物となった場合に

☐ **再資源化**によって資源を有効に利用でき、廃棄物を大幅に減量
できるもの

☐ 再資源化する際に経済面の制約が著しくないもの

• コンクリート

• コンクリート及び**鉄**から成る建設資材

• 木材

• アスファルト・コンクリート

例題 1

令和元年 前期 No.49

建設工事に係る次の資材のうち、「建設工事に係る資材の再資
源化等に関する法律（建設リサイクル法）」上、特定建設資材に
該当しないものはどれか。

1. 木造住宅の新築工事に伴って生じた木材の端材
2. 木造住宅の新築工事に伴って生じたせっこうボードの端材
3. 駐車場の解体撤去工事に伴って生じたコンクリート平板
4. 駐車場の解体撤去工事に伴って生じたアスファルト・コン
   クリート塊

解答 2

解説 せっこうボードは特定建設資材ではない。

例題2

　建設工事に使用する資材のうち、「建設工事に係る資材の再資源化等に関する法律（建設リサイクル法）」上、特定建設資材に**該当するもの**はどれか。

1. 内装工事に使用するパーティクルボード
2. 外装工事に使用するモルタル
3. 防水工事に使用するアスファルトルーフィング
4. 屋根工事に使用するセメント瓦

解答 1

解説 パーティクルボードは、木材の小片を接着剤と混合し熱圧成形した板状製品である。モルタル、アスファルトルーフィング、瓦は、特定建設資材ではない。

8

法規

87 騒音規制法

> ▶▶ パパっとまとめ
>
> 建設工事に伴って発生する騒音について規制している。
> 建設工事として行われる作業のうち、著しい騒音を発生する作業として指定された8種類の作業を「特定建設作業」という。

届出

指定地域内において特定建設作業を伴う建設工事を施工する場合、作業開始日の7日前までに**市町村長**に届け出る。

- [ ] 建設工事の**名称**並びに発注者の氏名等
- [ ] **特定建設作業**の種類
- [ ] 特定建設作業に使用される機械の名称、**型式**及び仕様
- [ ] 特定建設作業の**開始**及び**終了**の時刻
- [ ] その他**環境省**令で定める事項

特定建設作業 よく出る

- [ ] **くい打機、くい抜機又はくい打くい抜機**（圧入式くい打くい抜機を除く。）を使用する作業（くい打機をアースオーガーと併用する作業を除く。）
- [ ] **びょう打**機を使用する作業
- [ ] さく岩機を使用する作業（作業地点が連続的に移動する作業にあっては、1日における作業に係る2地点間の最大距離が **50**m を超えない作業に限る。）
- [ ] 空気圧縮機（電動機以外で定格出力が **15**kW 以上の原動機を用いるもの）を使用する作業

- □ コンクリートプラント（混練機の混練容量が 0.45m³ 以上のもの）又はアスファルトプラント（混練機の混練重量が 200kg 以上のもの）を設けて行う作業（モルタルを製造するためにコンクリートプラントを設けて行う作業を除く。）
- □ バックホウ（環境大臣が指定するものを除き、原動機の定格出力が 80kW 以上のもの）を使用する作業
- □ トラクターショベル（環境大臣が指定するものを除き、原動機の定格出力が 70kW 以上のもの）を使用する作業
- □ ブルドーザー（環境大臣が指定するものを除き、原動機の定格出力が 40kW 以上のもの）を使用する作業

例題　　　　　　　　　　　　　　　　平成 29 年 前期 No.25

　次の建設作業のうち、「騒音規制法」上、特定建設作業に該当しないものはどれか。
　ただし、作業は開始したその日に終わらないものとする。
1. くい打機とアースオーガーを併用するくい打ち作業
2. 圧入式を除く、くい打くい抜機を使用する作業
3. さく岩機を使用し作業地点が連続して移動する作業で、1 日における作業に係る 2 地点間の最大距離が 50m の作業
4. 環境大臣が指定するものを除く、原動機の定格出力が 40kW のブルドーザーを使用する作業

解答 1
解説 くい打機をアースオーガーと併用する作業は除外される

88 消防法・道路法

▶▶ パパっとまとめ

消防法と道路法のどちらかが出題されることが多い。
消防法では資格者と消防用設備について、道路法では道路
の占用許可について出題される。

消防法で定める資格

- [ ] 防火管理者
- [ ] 防火対象物点検資格者
- [ ] 危険物取扱者
- [ ] 危険物保安監督者
- [ ] 消防設備士
- [ ] 消防設備点検資格者

消防用設備等の種類と機械器具

消火設備 … 消火器、屋内消火栓設備、スプリンクラー設備等

警報設備 … 自動火災報知設備、漏電火災警報器等

避難設備 … 避難器具、誘導灯及び誘導標識

消火活動上必要な施設 … 排煙設備、連結送水管、連結散水設備等

道路法

- [ ] 道路法上、継続して道路を使用しようとする場合、道路管理者から道路の占用の許可を受けなければならない。
- [ ] 電柱、電線等の工作物
- [ ] 水管、下水道管、ガス管等の物件
- [ ] 工事用板囲、足場、詰所その他の工事用施設等

例題 1

消防用設備等の種類と機械器具又は設備の組合せとして、「消防法」上、**誤っているもの**はどれか。

1.　警報設備 … 漏電火災警報器
2.　避難設備 … 救助袋
3.　消火設備 … 連結散水設備
4.　消火活動上必要な施設 … 排煙設備

解答　3

解説　連結散水設備は、消火活動上必要な施設である。なお、避難設備の避難器具には、滑り台、避難はしご、救助袋等がある。

例題 2

次の記述のうち、「道路法」上、道路の占用の許可を受ける**必要のないもの**はどれか。

1.　歩道の一部にはみ出して、工事用の仮囲いを設置する。
2.　道路の上部にはみ出して、防護柵（養生朝顔）を設置する。
3.　コンクリート打設作業のために、ポンプ車を道路上に駐車させる。
4.　工事用電力の引込みのために、仮設電柱を道路に設置する。

解答　3

解説　コンクリートポンプ車の駐車は一時的なものであるので道路の占用の許可は不要である。ただし、交通の安全に支障をきたすおそれがあるため、道路交通法上、所轄警察署長から道路の使用の許可を受けなければならない。

8

法規

索引

さ

ま

や

ら

わ

著者プロフィール

吉井 和子 (よしい かずこ)

共立女子大学・中央工学校卒業。株式会社ナチュール、浦和学院専門学校非常勤講師を経て、YOSHII 建築デザイン代表。一級建築士・1 級造園施工管理技士・インテリアコーディネーターなどの資格を持つ。著書に『これだけマスター 2 級建築施工管理技士試験』（共著、オーム社）、『図解でよくわかる 1 級造園施工管理技士』（共著、誠文堂新光社）などがある。

池本 幸一 (いけもと こういち)

東京都立大学工学部建築工学科卒業。株式会社栄設計 代表取締役。技術士（農業部門）・1 級土木施工管理技士・1 級造園施工管理技士の資格を持つ。著書に『これだけマスター 2 級建築施工管理技士試験』（共著、オーム社）、『図解でよくわかる 1 級造園施工管理技士』（共著、誠文堂新光社）がある。

速水 洋志 (はやみ ひろゆき)

東京農工大学農学部農業生産工学科（土木専攻）卒業。株式会社栄設計にて建設コンサルタント・代表取締役を経て、現在速水技術プロダクション代表。また、複数の建設関連会社にて技術顧問も務める。著書に『これだけマスター 2 級建築施工管理技士試験』『これだけマスター コンクリート技士試験』（共著、オーム社）『わかりやすい土木の実務』『わかりやすい 土木施工管理の実務』（単著、オーム社）、『図解でよくわかる 1 級造園施工管理技士』（共著、誠文堂新光社）などがある。

装丁　小口 翔平＋三沢 稜＋阿部 早紀子（tobufune）
DTP　株式会社シンクス

建築土木教科書
2級建築施工管理技士［第一次検定］出るとこだけ！

2021年4月22日　初　版　第1刷発行
2023年4月15日　初　版　第3刷発行

著　者　　吉井 和子・池本 幸一・速水 洋志
発行人　　佐々木 幹夫
発行所　　株式会社 翔泳社（https://www.shoeisha.co.jp）
印刷・製本　株式会社ワコープラネット

ISBN978-4-7981-6766-4　　　　　　　　　　Printed in Japan